INTRODUÇÃO A UM ENSAIO

SOBRE

ESTATÍSTICAS ECONÓMICAS

SOARES MARTÍNEZ

INTRODUÇÃO A UM ENSAIO
SOBRE
ESTATÍSTICAS ECONÓMICAS

5.ª EDIÇÃO

(Reimpressão)

ALMEDINA

COIMBRA – 2001

TÍTULO:	INTRODUÇÃO A UM ENSAIO SOBRE ESTATÍSTICAS ECONÓMICAS – 5.ᴬ EDIÇÃO (Reimpressão)
AUTOR:	SOARES MARTÍNEZ
EDITOR:	LIVRARIA ALMEDINA – COIMBRA
DISTRIBUIDORES:	LIVRARIA ALMEDINA ARCO DE ALMEDINA, 15 TELEF. 239 851900 FAX 239 851901 www.almedina.net 3004-509 COIMBRA – PORTUGAL LIVRARIA ALMEDINA/PORTO R. DE CEUTA, 79 TELEF. 22 2059773 FAX 22 2039497 4050-191 PORTO – PORTUGAL EDIÇÕES GLOBO, LDA. R. S. FILIPE NERY, 37-A (AO RATO) TELEF. 21 3857619 FAX 21 3844661 1250-225 LISBOA – PORTUGAL LIVRARIA ALMEDINA ATRIUM SALDANHA LOJA 31 PRAÇA DUQUE DE SALDANHA, 1 TELEF. 21 3712690 atrium@almedina.net 1050-094 LISBOA LIVRARIA ALMEDINA/BRAGA CAMPUS DE GUALTAR UNIVERSIDADE DO MINHO TELEF. 253 678822 braga@almedina.net 4700-320 BRAGA
EXECUÇÃO GRÁFICA:	TIPOGRAFIA LOUSANENSE, LDA. – LOUSÃ
DATA:	OUTUBRO 2001
DEPÓSITO LEGAL:	170816/01

Toda a reprodução desta obra, seja por fotocópia ou outro qualquer processo, sem prévia autorização escrita do Editor, é ilícita e passível de procedimento judicial contra o infractor.

ESTUDOS DO AUTOR

I — Finanças e Direito Financeiro:

Da Personalidade Tributária, Lisboa, 1953 (tese de doutoramento); 2.ª ed., 1969

La Obligacion de Impuesto (sep. «Revista de Derecho Financiero y de Hacienda Publica», vol. III, n.º 11, p.p. 375-410), Madrid, 1953

As Finanças Públicas em Portugal (Cap. incluído na ed. bras. da obra de Henry Laufenburger «Finanças Comparadas», p.p. 357-377), Rio de Janeiro, 1953

Le Financement du Réarmement au Portugal, in «Annales de l'Institut International de Finances Publiques», Bruxelas, 1953; e «Revista da Faculdade de Direito de Lisboa», vol. IX, Lisboa, 1953, p.p. 261-285

À La Veille d'une Réforme Fiscale Portugaise (sep. da «Revue de Science Financière», p.p. 143-148), Paris, 1956

Actualidade das Regras Orçamentais (sep. «Jornal do Fôro», ano 20, 1956, p.p. 353-363), Lisboa, 1958

Isenção de Impostos Municipais (sep. «Jornal do Fôro», ano 22, 1958, p.p. 161-176), Lisboa, 1959

A Obrigação Tributária (sep. «Ciência e Técnica Fiscal», n.º 51, p.p. 621-773), Lisboa, 1963

Apontamentos para o Estudo de uma Reforma da Tributação Directa na Província de Moçambique (sep. «Ciência e Técnica Fiscal», n.º 63, p.p. 7-67), Lisboa, 1964

Introdução ao Estudo das Finanças (sep. «Ciência e Técnica Fiscal», n.ᵒˢ 90 e 91, p.p. 51-118 e 29-83), Lisboa, 1967

Esboço de uma Teoria das Finanças Públicas (sep. «Ciência e Técnica Fiscal», n.ᵒˢ 99 e 100, p.p. 7-66 e 7-54), Lisboa, 1967

Elementos para um Curso de Direito Fiscal (sep. «Ciência e Técnica Fiscal», n.ᵒˢ 138 e 139, p.p. 7-85 e 37-88), Lisboa, 1971

Manual de Direito Fiscal, Coimbra, 1983; reimpr., 1984; 2.ª reimpr., 1987.

Pressupostos Político-Económicos de uma Reforma Fiscal (sep. «Ciência e Técnica Fiscal», n.ᵒˢ 289/291, p.p. 7-22), Lisboa, 1984

Le Droit Fiscal Portugais et la Pratique (sep. «Travaux de l' Association Henri Capitant-Le Rôle de la Pratique dans la Formation du Droit (Journées Suisses)», tomo XXXIV, p.p. 515-520), Paris, 1985

II — Economia

As Estatísticas Económicas Internacionais (sep. «Boletim Interno do Ministério dos Negócios Estrangeiros», n.º 9, p.p. 289-301), Lisboa, 1952

Ensaio sobre os Fundamentos da Previsão Económica (tese de concurso universitário), Lisboa, 1956

Introdução a um Ensaio sobre Estatísticas Económicas (sep. «Revista da Faculdade de Direito de Lisboa», vol. XI, p.p. 113-201), Lisboa, 1957; 2.ª ed., 1971; 3.ª ed. 1973; reimpr., Coimbra, 1984; 2.ª reimpr., Coimbra, 1987

Teorias Monetárias do Juro (sep. «Revista da Faculdade de Direito de Lisboa», vol. XIV, p.p. 7-21), Lisboa, 1960

A Universidade Portuguesa e a Ciência Económica (sep. «Anuário da Universidade de Lisboa»), Lisboa, 1960

Evolução da Estrutura Agrária Portuguesa (sep. «Curso de Direito e Economia Agrários», da Faculdade de Direito de Lisboa, p.p. 259-280), Lisboa, 1965

A Lavoura Alentejana, a Política Agrária e as Técnicas de Planeamento (sep. «Estudos Eborenses», n.º 3), Évora, 1966

Manual de Economia Política, Lisboa, vol. I, 1971, vol. II, 1972; 2.ª ed., 1973; reimpr., Coimbra, 1982; 2.ª reimpr., 1984, 3.ª reimpr., 1985; 4.ª reimpr., 1988

O Lucro e a Responsabilidade Empresarial (sep. «Memórias da Academia das Ciências de Lisboa — Classe de Letras», tomo XVI, p.p. 201-212), Lisboa, 1975

Sobre a Inflação Monetária e as suas Causas (sep. «Memórias da Academia das Ciências de Lisboa — Classe de Letras», tomo XVIII, p.p. 293-304), Lisboa, 1977

A Crise de 1929 — Perspectiva de Meio Século (sep. «Memórias da Academia das Ciências de Lisboa — Classe de Letras», tomo XXI, p.p. 111-133), Lisboa, 1980

Economia Keynesiana e Planeamento (sep. «Simpósio de Estudos Keynesianos» da Academia das Ciências de Lisboa, p.p. 33-46), Lisboa, 1981

Economia Política, 3.ª ed., Coimbra, 1989.

III — Corporativismo e Direito Corporativo

Sentido Económico do Corporativismo (publ. do Centro de Estudos Político-Sociais), Lisboa, 1960

Previdência e Corporativismo (sep. «1.º Colóquio Nacional do Trabalho, da Organização Corporativa e da Previdência Social», p.p. 5-18), Lisboa, 1961

Curso de Direito Corporativo, Lisboa, vol. I, 1962, vol. II, 1964

Manual de Direito Corporativo, Lisboa, 2.ª ed., 1967; 3.ª ed., 1971

IV — Assistência Social

S. João de Deus, Patrono dos Hospitais (publ. do Ministério da Saúde e Assistência), Lisboa, 1963

9

Entrevista ao «Diário Popular» (publ. do Ministério da Saúde e Assistência), Lisboa, 1963

V — Política e Direito Constitucional

Hierarquia de Valores e Ordem Social (publ. do Instituto de Altos Estudos Militares), Lisboa, 1965
A Conjuntura Política Nacional, Lisboa, 1969
O Pensamento Islâmico e a Expansão Socialista (sep. «Memórias da Academia das Ciências de Lisboa — Classe de Letras», tomo XIII, p.p. 29-46), Lisboa, 1970
As Liberdades Fundamentais e a Revisão Constitucional (sep. «Revista da Ordem dos Advogados», ano 31, p.p. 43-71), Lisboa, 1971
A Universidade Portuguesa e a sua Autonomia Institucional, Lisboa, 1971
Comentários à Constituição Portuguesa de 1976, Lisboa, 1978
Estado de Direito e Estruturas Económicas (sep. «Memórias da Academia das Ciências de Lisboa — Classe de Letras», tomo XXI, p.p. 135-151), Lisboa, 1980
Um Projecto Constitucional de 1975 (sep. «Estudos em Homenagem ao Prof. Doutor Afonso Rodrigues Queiró» da Faculdade de Direito de Coimbra), Coimbra, 1988

VI — História

Coordenadas da História Diplomática de Portugal (sep. «Memórias da Academia das Ciências de Lisboa — Classe de Letras», tomo XXII, p.p. 13-26), Lisboa, 1981
Justificação de uma História Diplomática de Portugal (sep. «Memórias da Academia das Ciências de Lisboa — Classe de Letras», tomo XXIV, p.p. 175-191), Lisboa, 1985/1986
A Política Externa Portuguesa do Rio de Janeiro (1808-1820) (sep. «Memórias da Academia das Ciências de Lisboa — Classe de Letras», tomo XXIV, p.p. 133-174), Lisboa, 1985/1986
História Diplomática de Portugal, Lisboa, 1986
O Enquadramento Externo de Aljubarrota (sep. de «Aljubarrota 600 Anos», p.p. 179-189), Lisboa, 1986
Afonso X, o Sábio — Político e Legislador (sep. «7.º Centenário da Morte de Afonso X, o Sábio» da Academia Portuguesa da História, p.p. 87-117), Lisboa, 1987
O Humanismo Renascentista e a Diplomacia Portuguesa do Século XVI (sep. de «O Humanismo Português 1500-1600», da Academia das Ciências de Lisboa, p.p. 475-488), Lisboa, 1988

VII — Saudações e evocações universitárias e académicas

Doutor Fernando Emygdio da Silva (sep. «Revista da Faculdade de Direito de Lisboa», vol. XXIV, p.p. 5-10), Lisboa, 1974

10

Saudação a Gilberto Freyre (sep. «Sessão de Homenagem a Gilberto Freyre», da Academia das Ciências de Lisboa, p.p. 13-25), Lisboa, 1983

Elogio Histórico de José Caeiro da Mata (sep. «Memórias da Academia das Ciências de Lisboa — Classe de Letras», tomo XXIII, p.p. 171-183), Lisboa, 1983

Gilberto Freyre-Sábio Inovador (sep. «Revista da Faculdade de Direito de Lisboa», vol. XXVI, p.p. 99-104), Lisboa, 1985

Saudação a Pedro Calmon (sep. «Sessão de Homenagem a Pedro Calmon», da Academia das Ciências de Lisboa, p.p. 25-38), Lisboa, 1986

José Caeiro da Mata: O Jurista e o Historiador (sep. «Cinquentenário da Restauração da Academia Portuguesa da História», p.p. 39-49), Lisboa, 1987

No 1.º Centenário do Nascimento do Embaixador José Carlos de Macedo Soares (sep. «Anais da Academia Portuguesa da História», II, 32, I, pp. 149-167), Lisboa, 1989.

VIII — Outros

La Responsabilité des Groupes Bancaires Internatinaux pour Leurs Filiales (sep. de «Travaux de l'Association Henri Capitant — La Responsabilité du Banquier: Aspects Nouveaux (Journées Brésiliennes)», tomo XXXV, p.p. 391-396), Paris, 1986

Contrato de Fretamento e Arresto de Navio, Lisboa, 1988

IX — No prelo

O Papel do Direito nas Cortes de Coimbra de 1385
Elogio Histórico de Victor Manuel Braga Paixão
O Tratado de Windsor e a sua Continuidade
D. Catarina de Bragança e a Unidade Europeia
A Neutralidade Portuguesa desde o Século XVI
Dispersos Económicos
As Relações Diplomáticas de Portugal com a Espanha na Idade Média

X — Em preparação

Manual de Finanças
Palavras Dispersas
Princípios Fundamentais de Administração Pública
Política Externa da República Portuguesa (1910-1970)
Filosofia do Direito

Nota preliminar da 2.ª edição

Esta Introdução a um Ensaio sobre Estatísticas Económicas, *já publicada em 1957 e agora reeditada, tem para mim particular significado, pois encontra na sua origem a primeira tarefa que realizei no exercício de funções docentes, quando, no ano lectivo de 1950-51, fui encarregado pelo Prof. Armindo Monteiro de expor, em aulas práticas da cadeira de Economia Política da Faculdade de Direito de Lisboa, algumas noções elementares sobre o método estatístico. Não obstante esse particular significado, que não é alheio a fundos sentimentos de saudade, considerei durante algum tempo este trabalho como obra frustrada. Tratava-se da* Introdução a um Ensaio sobre Estatísticas Económicas, *quer dizer, de uma obra preambular, que deveria ter seguimento em estudos subsequentes, de estatística demográfica, de estatísticas da produção, da repartição e do consumo. E, contudo, a dispersão dos trabalhos universitários nunca me permitiu dar continuidade à obra iniciada. Apesar disso, o intuito definido quando a publiquei por primeira vez não foi frustrado. A* Introdução *pode ser utilizada para dar a conhecer algumas noções fundamentais de estatística a quem inicia os estudos económicos dispondo como base de uma formação de cultura social. E aquele mesmo intuito justifica agora a reedição, em cujos trabalhos participou a Dr.ª D. Maria de Aguiar Galhardo, Assistente da Faculdade de Direito de Lisboa, a quem muito agradeço a colaboração prestada.*

Janeiro de 1971

Nota preliminar da 3.ª edição

Esta Introdução a um Ensaio sobre Estatísticas Económicas *mantem utilidade, nos termos definidos quando publiquei a respectiva 2.ª edição, em 1971. Limitei-me agora a rever e actualizar o seu texto, muito embora lamentando que não me tenha sido possível fazer mais.*

Janeiro de 1973

Nota preliminar da 4.ª edição

Trata-se apenas de uma revisão e actualização dos textos publicados em 1957, 1971 e 1973, já mais de uma vez reimpressos. Não foi possível ir mais além. E talvez nem sequer se tenha desejado fazê-lo. Por não se julgar necessário. O autor agradece ao Assistente da Faculdade de Direito de Lisboa Fernando Araújo a colaboração valiosa que lhe prestou com vista a esta 4.ª edição.

Setembro de 1988

ÍNDICE

Capítulo I — Método estatístico e sua expansão 21

1. Os métodos de investigação 21

  a) Noção de método 21
  b) Processo dedutivo e processo indutivo 21
  c) Emprego dos métodos pelas várias ciências 22
  d) Métodos das ciências sociais em geral e da economia em particular 22

2. O método experimental 24

3. O método estatístico 25

  a) Observação estatística: seu objecto, suas características 25
  b) Método estatístico e ciências sociais 27
    α — Representação quantitativa dos fenómenos sociais 27
    β — Relevo do método estatístico para a ciência económica 28
    γ — Ilusões do nosso século sobre o método estatístico 28

4. A antiguidade e a expansão do método estatístico 30

  a) Antecedentes do método estatístico 30
  b) Estatística e novas estruturas económicas 33
  c) Estatística e relações internacionais 35

5. A organização dos serviços de estatística 40

  a) Centralização e descentralização 40
  b) Serviços de estatística em Portugal 42
  c) Publicações do Instituto Nacional de Estatística 45

Capítulo II — Processo estatístico e suas operações 49

§ 1. O processo estatístico: noção e fases 49

§ 2. A notação estatística 50

18

1. O objecto da notação 50

a) Delimitação do objecto da notação 50
b) Universo estatístico e amostra estatística 51
c) Unidade estatística 52

2. Os tipos de notação 52

a) Quanto ao objecto 52

α — Inquéritos e recenseamentos 52
β — Notação de intensidades e notação de atributos 53
γ — Notação directa e notação conjectural 54

b) Quanto ao sujeito 54

α — Notação pública e notação privada 54
β — Notação automática e notação deliberada 55

c) Quanto à ocorrência: notação contínua, periódica e ocasional 56

3. Os erros de notação 57

a) Cuidados a observar na recolha das unidades estatísticas 57
b) Erros objectivos e subjectivos 58
c) Erros constantes, sistemáticos e acidentais 59

§ 3. A elaboração estatística 59

1. As operações que se incluem na fase de elaboração 59

2. A crítica dos dados 60

3. O apuramento e o agrupamento 61

a) Apuramento e suas formas 61
b) Agrupamento: classes e frequências 62
c) Processos manuais e mecânicos de apuramento e agrupamento 63

4. A formação de séries; tipos 65

a) Noção de série estatística 65
b) Séries geográficas, cronológicas, qualitativas e correlativas 66
c) Séries estáticas, dinâmicas, indeterminadas e mistas; crescentes e
decrescentes 67
d) Interpolação e extrapolação 69
e) Ajustamento de séries 71
f) Redução das séries a expressões sintéticas 72

5. As medidas de posição ideal 73

a) Médias objectivas e subjectivas 73
b) Médias aritméticas simples e ponderadas 74
c) Médias geométricas simples e ponderadas 76

d) Vantagens e inconvenientes das médias estatísticas 77

6. As medidas de posição real 78

    a) Normal 78
    b) Mediana 78
    c) Quartis, decis e centis 79

7. Os valores proporcionais 80

    a) Percentagens e permilagens 80
    b) Coeficientes estatísticos 80
    c) Números-índices 80

        α — Noção de números-índices 80
        β — Bases de números-índices; bases compostas e cíclicas 82
        γ — Bases fixas e móveis: índices de cadeia 83
        δ — Números-índices simples e sintéticos; índices de médias e
            médias de índices 84
        ε — Números-índices ponderados 87

8. As medidas de dispersão 89

    a) Dispersão estatística e suas medidas 89
    b) Desvio total 89
    c) Desvio interquartil 90
    d) Desvios em relação à média e à normal 90
    e) Desvio-tipo 90

9. As medidas de assimetria e de curtose 90

    a) Curva de Gauss 90
    b) Medidas de assimetria de Bowley e Pearson 92
    c) Curvas leptocúrticas, mesocúrticas e platicúrticas 92

§ 4. A exposição estatística 94

1. Os processos de exposição 94

    a) Exposição descritiva 94
    b) Exposição por quadros numéricos 95
    c) Exposição por gráficos 96

        α — Vantagens e perigos do emprego de gráficos 96
        β — Polígonos e curvas de frequência aritméticos e logarítmicos 97
        γ — Representações gráficas por superfícies 99
        δ — Diagramas de coordenadas polares 100
        ε — Cartogramas e estereogramas 101

§ 5. A interpretação estatística 102

1. Os princípios clássicos da interpretação estatística 102

2. A correlação e a regressão 104

    a) Causalidade e correlação 104
    b) Correlação directa e inversa 105
    c) Correlação retardada 105
    d) Índices de correlação 106
    e) Regressão 107

3. A previsão estatística 108

Bibliografia 113

CAPÍTULO I

Método estatístico e sua expansão

1. Os métodos de investigação

a) *Noção de método*

A evolução do pensamento filosófico dos últimos três séculos não negou actualidade ao conceito cartesiano de *método,* como meio de orientar a razão na descoberta da verdade.

Onde quer que nos debrucemos sobre um facto com o intuito de descobrir a sua natureza e as suas ligações com outros fenómenos que o precedam, o acompanhem ou lhe sucedam, aí teremos de adoptar um *método,* um caminho que se nos afigure conveniente para a aquisição dos conhecimentos que pretendemos alcançar.

b) *Processo dedutivo e processo indutivo*

Algumas vezes, as ideias já formadas, pela intuição, pela revelação ou pela experiência, impuseram-nos princípios que vão subordinar as observações ulteriores. Porque já possuímos um conceito geral sobre certo grupo de fenómenos, observamos as manifestações da mesma natureza que venham a produzir-se de harmonia com esse conceito geral, dele procurando *deduzir* as ligações etiológicas dos factos de um mesmo tipo.

Outras vezes, porém, ou porque nem experiência, nem intuição, nem revelação, nos permitem individualizar certos fenómenos, ou porque resolvemos afastar qualquer apriorismo das nossas observações, os factos são estudados com independência de qualquer princípio anterior, sendo através de tal estudo que se extrairão, *indutivamente,* princípios, regras, leis, aplicáveis a uma generalidade de grupos fenomenológicos.

c) *Emprego dos métodos pelas várias ciências*

Qualquer método, sejam quais forem as suas características secundárias, terá de seguir um processo *dedutivo* ou um processo *indutivo,* dependendo a adopção de um ou de outro das preferências, da formação, do investigador; mas, sobretudo, do objecto da própria observação. Assim, cada ciência procura criar um método subordinado às exigências dos seus próprios fins, com predominância do processo dedutivo ou do processo indutivo, consoante os casos.

Às ciências naturais correspondem métodos de base indutiva, orientados no sentido de fixar e sistematizar as características apreendidas nas espécies observadas; enquanto a abstracção matemática levou à elaboração de um método próprio, o método matemático, dominado pelo raciocínio dedutivo.

d) *Métodos das ciências sociais em geral e da economia em particular*

As ciências sociais, essas, pela sua complexidade, têm hesitado entre o processo indutivo e o processo dedutivo, perfilhando ambos, com a predominância de um ou de outro, consoante as épocas e os sistemas.

Durante séculos, os factos sociais, não apresentando qualquer regularidade, ou não se verificando de tal modo que a sua regularidade fosse notada pelo homens, pareciam escapar, na generalidade, a tratamento científico. Os problemas sociais que mereciam desenvolvidas tentativas de solução eram de ordem jurídica: projecção da lei divina sobre a lei humana e aplicação desta à conduta dos indivíduos.

É no século XVII, mas sobretudo já no século XVIII, que começa a esboçar-se com nitidez o reconhecimento de uma certa regularidade na produção dos fenómenos sociais, ou de alguns deles. Na Alemanha, Süssmilch procurou demonstrar essa regularidade, na obra, publicada em 1740, *Die Gottliche Ordnung.*

23

Observava o autor que, num grupo social bastante extenso, é sensivelmente igual, em cada ano, o número de casamentos, de nascimentos e de óbitos. E quando um evento catastrófico, como uma guerra ou uma epidemia, determina uma ruptura de equilíbrio nesta regularidade, imediatamente a situação tende a restabelecer-se pela alta da natalidade. Nesta tendência reconhecia SÜSSMILCH uma imposição de ordem divina dominando os factos sociais. Pouco depois, em França, o Dr. QUESNAY ligou esta ideia de regularidade às manifestações dos fenómenos económicos e, influenciado pelos seus conhecimentos de fisiologia humana, procurou torná-los aplicáveis à evolução da vida económica [1].

Esperava-se que, assim, os factos sociais passassem a ser do domínio científico. Partindo do princípio da sua regularidade, tornava-se possível, pelo conhecimento dos fenómenos individualizados, agrupá-los em categorias e generalizar conceitos. Essa generalização, porém, foi prematura, em especial no que respeita à ciência económica. Verificadas as manifestações de alguns fenómenos, não muito numerosos, com eles construiu a escola clássica um conceito de ordem natural que a doutrina francesa, na tradição de QUESNAY e dos fisiocratas, levaria às últimas consequências. Deduzindo as soluções dos problemas económicos de um número muito restrito de princípios, desprezando ulteriores investigações, a escola clássica confiou num equilíbrio espontâneo, não valorizando os conhecimentos já adquiridos pela economia. E do optimismo do equilíbrio espontâneo foi fácil ao pensamento económico, pela pressão dos factos, ser conduzido a um pessimismo conformista que, igualmente deduzido de princípios gerais, negou a possibilidade de criar desvios à marcha implacável da evolução económica [2]. Mas a reacção contra o dogmatismo clássico não se fez esperar; desde a escola romântica alemã, desde o início do século XIX, que largos sectores do pensamento económico recorrem ansiosamente, desesperadamente, ao processo indutivo, em busca de um sistema [3].

---

[1] Ver SOARES MARTÍNEZ, *Economia Política,* 3.ª ed., Coimbra, 1989, Cap. IV, n.º 7, pp. 187 e s.

[2] *Ibidem,* Cap. IV, n.º 8, pp. 199 e s.

[3] *Ibidem,* Cap. IV, n.º 9, pp. 219 e s.

E, realizado um movimento de sincretismo metodológico, não obstante o vigor de algumas correntes contraditórias, como a matemática e a marginalista, a economia acabou por adoptar rumos em relação aos quais a velha querela dos métodos não faz sentido, porquanto dedução e indução se apresentam como elementos igualmente imprescindíveis na análise dos fenómenos económicos. O sincretismo metodológico operado impõe à ciência económica a utilização simultânea de métodos dedutivos, como o matemático, como o psicólogo, e de métodos indutivos, como o experimental e o estatístico[4].

2. O método experimental

Pelo método experimental, a produção do fenómeno objecto de estudo é *provocada*. Desconhecendo a natureza e as ligações causais de certo facto, o investigador, sabendo em que circunstâncias ele costuma verificar-se, cria essas circunstâncias, reúne-as, no desejo de poder observá-lo nas condições mais favoráveis.

O domínio das condições favoráveis à observação dos fenómenos caracteriza o método experimental. Não é, por isso, difícil concluir que a experimentação se não adapta perfeitamente às ciências sociais. O economista ou o sociólogo não dispõem dos homens e das instituições como o químico dispõe do seu laboratório. Não poderão provocar uma guerra, ou uma desvalorização monetária, com o fim exclusivo de observarem os fenómenos que geralmente acompanham tais circunstâncias.

Mas não são apenas as ciências sociais que deparam com dificuldades em matéria de experimentação. Também o agrónomo não poderá modificar o regime de chuvas para estudar as possíveis consequências sobre o estado das culturas; e o astrónomo não provocará por certo a aparição de um cometa. De igual modo, a natureza e a moral impõem frequentemente limites à experimentação no campo da biologia e da medicina.

Há, assim, ramos de conhecimento em que a produção dos fenómenos não pode ser provocada, ou só dificilmente e raramente pode ser provocada. E é esse o caso das ciências sociais.

---

[4] Ver SOARES MARTÍNEZ, *Ibidem,* Cap. II, n.º 3, pp. 58 e s.

No entanto, constantemente se encontram referências, por exemplo, à «experiência bolchevista», à «experiência do *New Deal*», a outras ainda. Não estaremos em presença de desmentidos à tese proposta?

A expressão «experiência» é empregada nesses casos com falta de rigor, pelo menos com desprezo do seu significado metodológico. Sob essa designação de «experiência» designam-se medidas de política económica e de política social alheias a intuitos de construção científica, e condicionadas, afinal, pelas circunstâncias do ambiente. Porque aquilo que a política, como arte que é, acrescenta aos factos que lhe são oferecidos pela evolução moral, psicológica, económica, das sociedades, não consegue apagar as circunstâncias a que a vontade do homem é alheia e que se lhe impõem.

3. O método estatístico

a) *Observação estatística: seu objecto, suas características*

A falta de aptidão do método experimental para fixar certos fenómenos, como os sociais, como os metereológicos, impõe o recurso a outro método, o *estatístico* [5], pelo qual os factos são observados quando oferecidos naturalmente ao investigador, sem que este tenha podido actuar no sentido de a sua manifestação se produzir.

Nem todos os fenómenos constituem objecto da observação estatística. Para o serem é necessário: 1) que não sejam objecto de experimentação; 2) que sejam atípicos ou colectivos, fenómenos de massa.

São atípicos ou colectivos os fenómenos que, ou por não estarem subordinados a qualquer lei ou por obedecerem a princípios ainda desconhecidos, não formulados, se produzem sem

---

[5] Na raiz das expressões *estatística* e *estatístico* encontra-se, sem dúvida, a palavra latina *status*. Mas há razões para duvidar se, na origem do emprego daquelas expressões, se acha a palavra *estado,* no sentido de situação, ou a palavra *Estado,* no sentido de organização política. A *estatística* começou por significar uma descrição das condições geográficas, demográficas, económicas, etc., dos Estados.

que se saiba qual o impulso que os move, quais as condições que os tornam possíveis, qual a projecção do seu próprio movimento. São fenómenos susceptíveis de variar constantemente nas suas manifestações e cujas causas não é possível determinar com precisão. Assim, as variações das temperaturas, os nascimentos de varões e de fêmeas, são fenómenos atípicos, cujas causas é impossível definir.

No entanto, os próprios fenómenos atípicos, sobre os quais actuam causas desconhecidas, apresentam, na sua massa, certas regularidades. Por exemplo, desconhece-se, em cada caso concreto, qual o sexo do nascituro. Mas, se considerarmos globalmente as crianças que nascerão no próximo ano, num país ou numa região, sabemos que, aproximadamente, com os ligeiros desvios impostos pela lei da masculinidade, metade serão do sexo feminino e a outra metade do sexo masculino.

É a possibilidade de estudo desta *regularidade colectiva* dos fenómenos atípicos que justifica o interesse pela sua observação. As manifestações dos fenómenos atípicos levam-nos à convicção da existência de tendências constantes. E, através delas, é possível apreciar o que há de permanente, de regular, na própria variabilidade. O método estatístico consiste precisamente no aproveitamento do registo da variação dos fenómenos atípicos para dele extrair, por indução, ensinamentos úteis para o estudo de uma ciência.

Resta, para contornar o conceito de método estatístico, apreciar o problema de saber se a observação estatística deverá traduzir-se, sempre e necessariamente, por expressões quantitativas. Corresponde a um entendimento generalizado ligar a estatística a quadros numéricos; mas a tradição de estudos que no passado foram designados por estatísticos e se limitaram à descrição literária de circunstâncias de vida dos Estados, poderá, ao contrário, orientar-nos no sentido de que, embora a representação estatística seja normalmente quantitativa, essa característica não é, no entanto, da essência do método estatístico.

Em qualquer caso, não poderemos esquecer que o desenvolvimento da técnica estatística recebeu um impulso muito vigoroso de investigadores de formação matemática, para os quais o valor dos conhecimentos inadequados à representação numérica seria muito reduzido, ou mesmo nulo. Essa atitude, expressa por Lord KELVIN na célebre inscrição de Biometria da Universidade de

Londres([6]), tem dominado os trabalhos de estatística no decurso das últimas décadas; e reduziu muito a importância de quaisquer observações de fenómenos atípicos cujos resultados não possam alinhar-se em quadros numéricos.

b) *Método estatístico e ciências sociais*

α — *Representação quantitativa dos fenómenos sociais*

A actual orientação do método estatístico no sentido de uma representação quantitativa dos fenómenos pode suscitar dúvidas sobre a posição do mesmo método relativamente às ciências sociais. Com efeito, os fenómenos sociais são de ordem moral, de ordem psicológica; não podem reflectir-se plenamente em expressões numéricas. Mas nem por isso devemos concluir pela inutilidade do recurso ao método estatístico nas investigações sobre esses fenómenos. Antes pelo contrário.

É realmente perigoso admitir que os factos sociais possam ser apreendidos através de expressões quantitativas e as suas interdependências expressas por fórmulas de relações funcionais. Mas também não deve esquecer-se que esses fenómenos essencialmente humanos se acham frequentemente ligados a outros factos em relação aos quais é de admitir uma representação quantitativa. E através dessa representação poderemos muitas vezes aproximar-nos de fenómenos não mensuráveis que estão na sua base e que de outro modo não poderiam ser estudados.

Assim, por exemplo, os sentimentos morais de um povo não podem reduzir-se a quadros numéricos. Mas, se registarmos a taxa global de natalidade, a taxa de natalidade ilegítima, os divórcios, os crimes contra a honestidade, o volume de venda de publicações pornográficas, e muitos outros elementos ainda, passaremos a dispor de dados que nos permitirão emitir um juízo sobre o nível moral de uma população.

No entanto, não se julgue que condensámos em expressões numéricas a moralidade de um povo. Limitámo-nos a registar

---

([6]) «When you can measure what you are speaking about and express it in numbers, you know something about it, but when you cannot measure it, when you cannot express it in numbers, your knowledge is of a meagre and unsatisfactory kind.»

manifestações que decorrem de um certo nível moral mas que não o definem rigorosamente. Do mesmo modo, se apurarmos as quantidades produzidas de um certo artigo num período determinado, disporemos de uma base razoável para avaliar as prováveis reacções médias ou normais dos produtores que vão oferecer esse artigo no respectivo mercado; isso não significa, contudo, que possam reduzir-se as posições psicológicas desses produtores a expressões quantitativas.

Mas é tão difícil fixar as ligações etiológicas entre fenómenos sociais, ou, pelo menos, entre alguns deles, que a mera aproximação, tornada possível pelo registo de fenómenos externos com eles relacionados, já representa contribuição valiosa para o seu estudo.

β — *Relevo do método estatístico para a ciência económica*

Embora o método estatístico seja utilizado por várias ciências, é em relação à economia, sobretudo, que o seu emprego se tornou imprescindível, o que bem se compreende se tivermos em vista a extrema variedade e atipicidade dos fenómenos económicos.

Será, porém, ilusório pensar que a estatística possa fornecer soluções para problemas económicos, ou explicar fenómenos de natureza económica, ou estabelecer entre eles quaisquer ligações causais. A estatística, como afirmou BOWLEY, limita-se a fornecer os factos sobre os quais o economista assentará as suas teorias. E nem todos os factos. Apenas aqueles que se incluam numa fenomenologia de massa.

γ — *Ilusões do nosso século sobre o método estatístico*

Os estudos estatísticos desenvolveram-se, por vezes, no século passado, por forma a criar em sua volta um ambiente de desconfiança. O mau emprego que das estatísticas fizeram frequentemente os responsáveis pela direcção política dos Estados não foi alheio a essa desconfiança. Já no *Tratado de Economia Política* de JEAN-BAPTISTE SAY o seu autor recordava o relatório apresentado pelo ministro do Interior de França, em 1813, ano de graves desastres militares e económicos, no qual, não obstante, se procurava provar, *por meio de números,* que a prosperidade da nação excedia a das épocas mais esplendorosas. Nesse ambiente de desconfiança se criou a convicção comum de que, como pretendeu MACAULAY, os números dizem sempre aquilo que queira um homem hábil que deles se saiba servir.

Reagindo contra o desprestígio da estatística, esboçou-se uma corrente vigorosa para a qual a causa do mal residia na dependência da estatística em relação às várias ciências, sobretudo em relação à economia política, e também dos propósitos dos Governos e grupos dominantes. Em consequência, seria necessário autonomizar a estatística, atribuindo-lhe objectivos próprios que, por si sós, justificariam as investigações. A estatística abandonou, assim, a sua função de auxiliar a formulação de relações causais no campo de diversos ramos científicos. A causalidade seria noção metafísica, fruto de preconceitos, sem interesse prático. Importaria, sim, e apenas, o estabelecimento de relações de concomitância, de regularidade correlativa na produção dos fenómenos considerados.

Não será difícil estabelecer ligações muito estreitas entre esta orientação e as tendências empírico-tecnocráticas que dominaram, sobretudo, o meio norte-americano, logo a partir do início do século XX. No plano da economia política, o reconhecimento dos serviços prestados pela estatística a esta ciência levou alguns espíritos dominados apenas por preocupações de ordem prática e técnica a uma lamentável confusão que, a manter-se, determinaria o desaparecimento da ciência em presença do método. Não só esquecendo o valor humano dos dados económicos como rejeitando todo e qualquer princípio de causalidade e de interpretação racional, foram numerosos os investigadores que procuraram basear os estudos económicos na simples correlação de factos. A simplicidade do próprio meio natural norte-americano, característica de um país novo, levou à convicção de que as operações estatísticas, só por si, permitiriam um rápido conhecimento da evolução dos factos económicos e uma fácil previsão das futuras condições conjunturais.

Esta tendência empírico-estatística inspirou os trabalhos do célebre instituto de investigações económicas da Universidade de Harvard, criado em 1917, que gozou de grande prestígio entre 1920 e 1930. A partir de 1925, as previsões de Harvard começaram a não ser confirmadas pelas realidades; mas o fracasso do método empregado tornou-se completo em 1929 e anos seguintes, porque o instituto de Harvard não só não previu o célebre *crack*

30

de Wall Street como se recusou a admitir a existência de uma grave e prolongada depressão económica que, afinal, se manteve até à segunda grande guerra, ou até perto da sua eclosão.

A falência da corrente empírica reconduziu a estatística à sua posição de método utilizado pela ciência económica em conjugação com outros métodos, parecendo ter-se afastado o perigo de uma absorção da economia pela estatística. A própria econometria está muito longe de corresponder a uma orientação meramente estatística [7].

É como método, e apenas como método, subordinada às directrizes próprias da ciência económica, e em concorrência com outros métodos, uns dedutivos, outros indutivos, que a estatística se tem revelado um elemento de grande interesse no estudo dos fenómenos económicos.

4. A antiguidade e a expansão do método estatístico

a) *Antecedentes do método estatístico*

Mesmo restringindo o objecto da observação estatística aos factos mensuráveis, o seu emprego pode localizar-se na mais remota antiguidade. Avaliar colheitas e contar o número de homens válidos foram sempre preocupações dos que tiveram de lançar impostos e recrutar milícias. Operações estatísticas rudimentares acompanharam as mais distanciadas manifestações da vida social, pois sempre os povos sentiram o desejo de conhecer a sua própria força e o valor dos territórios ocupados, a força dos inimigos e as riquezas por eles possuídas. Assim, os hebreus procederam a um recenseamento da população, do qual vem até a designação do IV Livro do *Pentateuco Mosaico — Números* [8].

_____

[7] Ver SOARES MARTÍNEZ, *Economia Política,* 3.ª ed., Coimbra, 1989, Cap. II, n.º 8, pp. 70 e s.

[8] A designação de *Números* não corresponde a todo o conteúdo do Livro IV do *Pentateuco Mosaico* (Antigo Testamento), pois aí se narra toda a história dos hebreus desde a legislação recebida no monte Sinai até à entrada na Transjordânia. Mas o referido livro inicia-se com a narrativa do recenseamento, ordenado pelo Senhor a Moisés. Este recenseamento terá tido, fundamentalmente, objectivos de ordem militar. Tratava-se de apurar o número de hebreus varões com mais de vinte anos e aptos para pegarem em armas.

31

Na China, 2000 anos a.c., o Imperador Yu ordenou reconhecimentos minuciosos das várias províncias do seu vasto Império, abrangendo o registo da natureza dos solos e a avaliação da qualidade e da quantidade dos produtos. Na Pérsia, Dario organizou cadastros da propriedade. Os hebreus e os romanos realizaram censos da população, tendo Augusto escrito ele próprio o *Breviarium totius imperii,* onde recolheu elementos respeitantes à organização de Roma e das províncias, ao número dos seus habitantes e aos tributos cobrados.

A Idade Média também não desconheceu a importância dos dados estatísticos. Mal consolidada a conquista da Península, já El Samach enviava ao Califa um quadro circunstanciado sobre as riquezas adquiridas pela vitória obtida. Do mesmo modo, o Duque da Normandia, Guilherme, o Conquistador, ou o Bastardo, compilou, no célebre *Doomsday-book,* os conhecimentos apurados pelos conquistadores sobre a presa anglo-saxónica. E as Capitulares de Carlos Margo revelam o largo papel desempenhado pela recolha de dados quantitativos na organização do Império franco.

Entre os pormenores da organização do império de Montezuma que surpreenderam Fernando Cortez e os seus companheiros, após a conquista do México pelos espanhóis, conta-se o registo constante das variações do número de habitantes. E também os incas do Peru, segundo Garcilaso de la Vega, dividiam a população por localidades, sexo e idade, registando os nascimentos e os óbitos.

Mas todas as investigações estatísticas anteriores ao século XVII, sem esquecer o censo realizado em Portugal no ano de 1527, que nos dá um lugar de relevo na história das estatísticas demográficas, se caracterizam por não obedecerem a princípios de relativa permanência. Não havia estudos sistemáticos sobre estatísticas, que só apareceram nas universidades alemãs, a partir do século XVII, insertos em cursos de ciência política. O início dos estudos de estatística com carácter científico, subordinando-se já a princípios gerais, a uma sistematização, parece poder situar-se na obra de CONRING, professor de filosofia, medicina e política, na Universidade de Halmstadt, que em 1660 publicou *De rebus publicis nostri aevi celeberrimis.* ACHENWALL, professor em Göttingen, que se julga ter sido o primeiro autor a empregar a expressão «estatística», no curso publicado em 1748 sob a epígrafe *De notitia rerum publicarum,* STRUVE e SCHMEITZEL, professores em Iena, não foram senão continuadores de CONRING.

Quase paralelamente aos trabalhos destes professores alemães, em que se continham descrições das circunstâncias com interesse para os estudos políticos, desenvolveram-se também, sobretudo na Inglaterra e em França, as primeiras tentativas para a formulação das leis da mortalidade e da teoria das probabilidades, que, no século XIX, havia de ser utilizada como base da análise estatística. É de 1654 a célebre troca de correspondência entre PASCAL e FERMAT sobre o cálculo de probabilidades. Seguem-se-lhe, com intervalos de poucos anos, a publicação da obra de JOHN GRAUNT, *Natural and political annotations made upon the bills of mortality,* da obra de WILLIAM PETTY, *Several essays on political arithmetics,* e das tábuas de mortalidade apresentadas em 1691 por EDMOND HALLEY. Estes estudos de «aritmética política» desenvolveram-se no decurso de todo o século XVIII [9]. E contribuíram muito para o interesse que a estatística passou a despertar. No início do século XIX, mesmo afastados já muitos dos exageros da «aritmética política», que procurara traduzir os fenómenos políticos por expressões numéricas, a estatística era um método que suscitava ao mesmo tempo desconfiança e curiosidade.

Numa época em que em Portugal JOSÉ ACÚRSIO DAS NEVES clamava pela necessidade de «espalhar as luzes da economia política», que não se teriam ainda «propagado assaz no nosso país», já apareceram entre nós o plano estatístico do VISCONDE DA LAPA, apresentado à Academia das Ciências de Lisboa em 1812, e as *Instruções Statisticas* do coronel MARIO FRANZINI, impressas em 1815.

---

[9] Para esse desenvolvimento muito contribuiram RICHARD PRICE, que analisou as questões respeitantes aos cálculos de prémios de seguro e rendas vitalícias, THOMAS BAYES, que, em 1763, publicou *An Essay towards solving a Problem in the Doctrine of Chances,* e, em França, o matemático e astrónomo marquês de LAPLACE. Tanto PRICE como BAYES foram sacerdotes presbiterianos, filósofos e moralistas.

33

O interesse pela estatística era geral nesta época em que a Europa parecia despertar, na visão de muitos, deslumbrados pelos alvores do liberalismo. Os males do passado eram atribuídos, sobretudo, à ignorância; e a estatística era considerada um dos instrumentos destinados a esclarecer os povos sobre os fenómenos políticos. Assim se explica a criação de numerosos serviços permanentes aos quais eram cometidas funções de organização de estatísticas, quando, antes do século XIX, pelo menos antes do último quartel do século XVIII, os serviços de estatística eram criados *ad hoc,* para a realização de tarefas ocasionais.

Na Rússia, a organização de estatísticas nos diversos ministérios iniciou-se em 1802; na Prússia, os serviços de topografia e estatística, cuja origem remonta a FREDERICO II, foram concentrados numa repartição em 1805. Sob o impulso de Lord AUCKLAND, o Ministério do Comércio inglês passou a dispor de serviços permanentes de estatística em 1832. Dois anos depois, em França, foi também criada, no Ministério do Comércio, uma repartição de estatística, dirigida por MOREAU DE JONNÈS. Em Portugal, onde já no fim do século XVIII a Superintendência Geral dos Contrabandos iniciara uma tarefa de carácter permanente no sentido da elaboração de estatísticas, foi criada, em 1841, no Ministério do Reino, uma secção de estatística e topografia, dependente da inspecção geral das obras públicas ([10]).

Com os trabalhos do economista francês COURNOT e de QUÉTELET, célebre investigador que dirigiu os serviços belgas de estatística, os respectivos estudos entraram numa nova fase, caracterizada pela preocupação de rigor, durante a segunda metade do século XIX.

b) *Estatística e novas estruturas económicas*

Mas, não obstante o interesse manifestado nos mais diversos países pela estatística, no decurso do século XIX, ela não atingiu o seu mais alto grau de desenvolvimento enquanto o Estado liberal não sofreu abalos muito violentos. A desconfiança em

---

([10]) Sobre a história dos serviços de estatística em Portugal, ver Relatório de ARMINDO MONTEIRO que precedeu a proposta de lei de criação do Instituto Nacional de Estatística (Lei n.º 1911, de 23 de Maio de 1935).

relação à estatística mantinha-se; e as circunstâncias não exigiam ainda um largo recurso aos dados por ela fornecidos.

Compreende-se que assim fosse. Uma ordem providencial estabelecida pela natureza garantia o equilíbrio económico, obtido pela neutralização dos vários movimentos de sentidos contraditórios. A observação dos fenómenos económicos poderia, quando muito, interessar ao empresário desejoso de conhecer as condições do mercado melhor que os seus concorrentes, mas não despertaria as atenções dos governos, encerrados na sua neutralidade, nem as do grande público, mais ou menos conformado com as afirmações dos especialistas sobre a impossibilidade de desviar o curso fatal da evolução económica.

O Estado liberal não exclui, pela sua natureza, o emprego do método estatístico. É possível, até, que tivesse beneficiado de um mais largo recurso a tal método; mas, pelas suas características limitações, podia quase prescindir do seu auxílio. O mesmo não acontece com as formas de política económica antiliberal que se desenvolveram no rescaldo da paz de Versalhes. O antiliberalismo começou por ser intervencionista, reservando ao Estado o direito de corrigir as tendências conjunturais e estruturais da vida económica. Mas corrigir o quê? Mas intervir quando? Só os dados estatísticos poderiam acompanhar *pari passu,* e com relativo rigor, as tendências esboçadas, em cada momento, pelos mecanismos naturais, e fornecer indicações sobre as possibilidades e sobre a oportunidade de uma intervenção.

Na fase dirigista, a política antiliberal atribuiu ao Estado a função de orientar e estimular as iniciativas. A consulta cuidadosa dos quadros estatísticos tornou-se preocupação constante dos responsáveis políticos. Suprimindo, pelo menos em larga medida, o mecanismo do preço de mercado, substitui-se-lhe um preço fixado autoritariamente. E as estatísticas, da produção, dos consumos, das populações, constituiram os instrumentos que permitiram definir esse preço político por forma não inteiramente arbitrária, nem inteiramente empírica.

Afastando-se cada vez mais de um sistema que a primeira metade do século XIX julgou definitivo, a reacção antiliberal foi restringindo o papel a desempenhar pelo indivíduo até envolver o seu comportamento nas malhas mais ou menos apertadas dos planos económicos, que começaram a ser traçados ao serviço de economias de poder e, por fim, foram adoptados também por estruturas económicas que restringem a liberdade em nome da sua própria defesa, e para prossecução de fins de bem-estar material. Com as formas extremas de planificação, os dados estatísticos tornaram-se os factores de que depende o êxito ou o fracasso de todo um programa. São perigosas armas nas mãos dos planificadores, cujas decisões, quer adequadas quer infelizes, se vão projectar na vida de um país ou até de todo o Mundo, sem que qualquer elemento de correcção possa amortecer a sua violência. Em qualquer caso, embora armas perigosas, os planificadores não dispõem de outras mais seguras para prepararem, corrigirem e fazerem executar os seus próprios planos[11].

c) *Estatística e relações internacionais*

Logo nos primeiros passos dos serviços permanentes de estatística se compreendeu o interesse que teria a adopção dos mesmos processos pelos vários Estados, por forma a criar como que uma comunidade estatística internacional. Na compreensão desse interesse se pode filiar a organização do congresso de Bruxelas de 1853 e dos que se lhe seguiram em Paris, em Berlim, em S. Petersburgo e em Londres. A criação do Instituto Internacional de Estatística, em 1866, e os esforços desenvolvidos pelo Instituto Internacional de Agricultura de Roma, a partir de 1908, levam facilmente a concluir que não é recente o problema da internacionalização das estatísticas. Contudo, este problema permaneceu, até ao fim da primeira grande guerra, num plano secundário. Foram os novos rumos da política económica internacional, e até os novos princípios aos quais se pretendeu subordinar não só as relações interestaduais mas até alguns aspectos jurídicos da vida interna das nações, que colocaram o problema da internacionalização estatística na ordem do dia.

Ao mesmo tempo que as novas formas de economia nacional impunham cada vez mais o recurso às estatísticas, as exigências da vida moderna e as ilusões criadas à sombra de Versalhes vieram, pelo menos, esbater as fronteiras económicas dos países. Criou-se uma forma de economia mundial que, não correspondendo, de modo algum, ao ideal livre-cambista, exigia também a contribuição dos dados estatísticos; não já de dados estatísticos

---

[11] Ver SOARES MARTÍNEZ, *Economia Política,* 3.ª ed., Coimbra, 1989, Cap. XIV, pp. 866 e s.

que permitissem apenas conhecer as tendências económicas de um país mas sim que tornassem possível apreciar a posição económica dos vários Estados uns em relação aos outros. Assim se punha o problema da necessidade de organizar estatísticas internacionais ou, pelo menos, de organizar de tal modo as estatísticas nacionais que elas pudessem ser utilizadas no estudo das questões de política económica internacional.

Outras circunstâncias, de raiz não exclusivamente económica, impunham uma uniformização estatística. A Sociedade das Nações reconhecera nas questões económicas em geral, e na chamada questão social muito especialmente, factores susceptíveis de perturbarem as relações pacíficas entre os povos. Daí o seu interesse pelos problemas demográficos, pelas condições de trabalho e pelo nível de preços e de salários nos vários países. Mas a Sociedade das Nações — e sobretudo o seu *Bureau International du Travail* — encontrou uma séria dificuldade para a prossecução dos estudos na diversidade de processos de notação, de elaboração e de exposição dos dados estatísticos, muito variáveis de país para país. Também os conceitos que servem de base à organização das estatísticas, como, por exemplo, o conceito de «emigrante» ou de «comércio especial», estavam — e estão — longe de um plano de uniformidade. Impossível se torna, nessas condições, apreciar sequer com relativa segurança, *v.g.*, o movimento internacional de mercadorias. Assim, segundo as estatísticas portuguesas, a exportação de vinho do Porto para a Inglaterra elevou-se, em 1926, a 388 000 hl, correspondendo a um valor de £ 1 550 000; segundo as estatísticas inglesas, a importação de vinho de Portugal, no mesmo ano, foi de 356 000 hl, num valor total de £ 2 670 000. Insuficiência dos serviços de notação estatística? Possivelmente; mas sobretudo diversidade de processos adoptados. Se um país designa por emigrante aquele que abandona o Estado de sua origem com intenção de se domiciliar no estrangeiro, e outro país como tal considera todo e qualquer passageiro que viaje em 3.ª classe num percurso internacional; se um país calcula o valor e o peso de uma mercadoria com base no preço *c.i.f.* ([12]) e no peso líquido legal, e outro país os determina através do preço *f.o.b.* ([12]) e do peso bruto, dificilmente a

---

([12]) Enquanto os preços *f.o.b.* (de *free on board*) incluem apenas o valor atribuído à mercadoria posta pelo vendedor num meio de transporte no país de

comparação dos dados estatísticos fornecidos por esses países poderá oferecer interesse. Igualmente será impossível qualquer comparação se a disparidade estiver já não nos conceitos-base mas nos métodos. Se as estatísticas de um país reduzem as séries dos respectivos dados a médias ponderadas e as de outro as resumem por médias simples, as expressões sintéticas resultantes não serão comparáveis.

Ao reconhecimento de tais dificuldades corresponde o voto emitido na conferência de Génova, em Maio de 1922, para que se estabelecessem «princípios unitários para uma estatística da economia mundial». Seis anos mais tarde reuniu-se em Genebra, nesse mesmo propósito, uma conferência internacional para unificação dos métodos estatísticos. Mas apesar de todas as tentativas da Sociedade das Nações, e de a convenção sobre estatísticas económicas, de 14 de Dezembro de 1928, ter sido assinada por 29 países, entre os quais Portugal, cada Estado continuou, muitas vezes, a organizar as suas estatísticas nas bases e segundo os processos que lhe eram peculiares. Embora a diversidade de conceitos e de métodos adoptados determinasse, por vezes, notável disparidade entre os dados fornecidos pelos vários Estados sobre a situação e actividades, a Sociedade das Nações, incansável nos seus esforços, aliás quase sempre eficientes, quando mantidos à margem dos problemas políticos fundamentais, continuou a publicar os seus boletins e o seu anuário estatístico até 1945, não obstante inúmeras dificuldades.

A guerra lançou no esquecimento estas questões — e muitas outras — como reconheceu TRYGVE LIE, secretário-geral da Organização das Nações Unidas, por ocasião da abertura do Congresso Mundial de Estatística, em 1947. A auto-suficiência imposta pelas hostilidades e as preocupações de ordem militar e de política a curto prazo não facilitavam qualquer tentativa de solução destes problemas. Além de que as amputações e alargamentos de territórios, aliados aos deslocamentos populacionais que os acompanharam e às condições anómalas da produção, não eram de molde a permitir a preparação de trabalhos estatísticos rigorosos. O fim do conflito militar veio, porém, desenvolver aquelas condições, que já tinham anos antes forçado os res-

---

origem, os preços *c.i.f.* (de *cost, insurance and freight*) abrangem o custo do transporte e do respectivo prémio de seguro, até ao país de destino.

ponsáveis pela direcção política dos Estados a considerar a possibilidade de uma uniformização estatística. Aliás essa uniformização tornava-se agora necessidade muito mais imperiosa em face dos ambiciosos objectivos da Carta das Nações Unidas. Enquanto o Pacto da Sociedade das Nações quase se limitava, em matéria de economia, a recomendar aos Estados membros a adopção de algumas medidas tendentes a humanizar as condições de trabalho, a Carta das Nações Unidas impôs aos Estados membros o desenvolvimento económico e social dos povos, através de uma estreita cooperação internacional. Só pelo conhecimento dos meios de que cada Estado dispõe se poderia realizar essa cooperação.

E, logo em 1947, o célebre discurso de MARSHALL na Universidade de Harvard de novo despertou as atenções dos especialistas, e até dos que o não são, para a necessidade de internacionalizar os processos estatísticos. Esboçou-se no citado discurso de Harvard o plano de que resultaria o Programa de Reconstrução Europeia (E.R.P.), ou «plano Marshall». A realização de tal programa exigia a determinação dos factores da economia europeia; e torna-se difícil calcular as necessidades «em artigos alimentares e outros artigos essenciais» de cada povo, de cada país europeu, quando não adoptem todos os mesmos conceitos-base das operações estatísticas, e os mesmos métodos. Posteriormente, com a rapidez que caracteriza a evolução das relações internacionais no após-guerra, outros organismos e entidades foram criados cuja eficácia de esforços depende em larga medida de uma uniformização de processos estatísticos. É o que acontece com o Fundo Monetário Internacional (F.M.I.), a F.A.O. (Food Agricultural Organization), a Organização Europeia de Cooperação Económica (O.E.C.E.), transformada em 1960 na Organização de Cooperação e de Desenvolvimento Económicos (O.C.D.E.), a União Europeia de Pagamentos (U.E.P.), a Comunidade Europeia do Carvão e do Aço (C.E.C.A.), a própria organização defensiva do Atlântico Norte (N.A.T.O.), cujo funcionamento exige o conhecimento dos recursos, necessidades e possibilidades dos territórios abrangidos. E os respectivos estudos comparativos só serão possíveis através de estatísticas uniformes.

Apesar de alguns êxitos obtidos no sentido de uma uniformização de estatísticas, sobretudo pelo que respeita ao cálculo dos rendimentos nacionais, segundo as recomendações da Organização das Nações Unidas e da O.C.D.E., o problema não pode considerar-se como definitivamente solucionado [13].

Pode afigurar-se estranha, à primeira vista, esta situação, posto que a estatística, em virtude da linguagem adoptada, a dos números, por todos compreendida, impondo-se perante o afastamento de meridianos geográficos, parece oferecer condições bem adaptáveis às exigências do plano internacional. Mas os números não apresentam nas estatísticas económicas a abstracção que os caracteriza quando não ultrapassam os limites da ciência matemática. As expressões numéricas utilizadas pela estatística têm por base a observação de uma multiplicidade de factos atípicos que não apresentam o mesmo relevo em todas as regiões e para todos os povos. Devem, pois, os fenómenos considerados ser interpretados diversamente, de lugar para lugar e de momento para momento. E isso torna difícil dar unidade às várias estatísticas nacionais, como torna impossível unificar a própria estrutura económica das sociedades.

Assim, por exemplo, o preço dos tecidos de lã, alto ou baixo, não terá o mesmo significado para um país escandinavo ou para um país tropical; o vinho ou o chá não se apresentam em igualdade de posições para o consumidor português ou para o consumidor inglês, em virtude de hábitos que encontram as suas raízes no meio natural e que os melhores desejos de cooperação internacional não poderão destruir. Daqui se concluirá que, se construíssemos um mesmo quadro de números-índices de preços para todos os povos, tendo na base os mesmo produtos e sem haver lugar para qualquer ponderação, estaríamos elaborando estatísticas das quais seria impossível extrair a menor utilidade. Por isso, o problema das possibilidades da internacionalização das estatísticas deve pôr-se com as reservas de que já aprendemos a rodear, por motivos diversos, outras espécies de internacionalização.

---

(13) Sobre os processos comuns de organização de estatísticas do rendimento nacional preconizados pela O.N.U. e pela O.E.C.E., ver *System of National Accounts and Supporting Tables — United Nations*, 1953; *Concepts and Definitions of Capital Formations — United Nations*, 1953; *Système Simplifié de Comptabilité Nationale — O.E.C.E.*, 1950: *A Standardised System of National Accounts — O.E.C.E.*, 1952; *Yearbook of National Accounts Statistic 1969*, vol. I, Nova Iorque, 1970, pp. V a XXXI; *Statistical Yearbook 1983-1984*, Nova Iorque, 1986, p. XIX.

5. A organização dos serviços de estatística

a) *Centralização e descentralização*

Os diversos serviços públicos, através das suas actividades próprias, reuniram, através dos tempos, elementos estatísticos respeitantes a essas mesmas actividades. E, quando os novos rumos da ciência económica e da política económica orientaram os Estados no sentido de uma recolha constante e sistemática de dados estatísticos, apresentou-se como caminho mais fácil, económico e seguro, o da utilização das organizações estatísticas dos vários serviços públicos especializados.

A solução, porém, não era isenta de inconvenientes. Aqueles serviços frequentemente elaboravam as suas estatísticas por forma unilateral, sem obediência a uma ideia de conjunto, sob o domínio de preocupações de ordem puramente técnica, que repeliam o leitor não especializado e tornavam impossível qualquer visão de conjunto da vida nacional. Além disso, dispersa a organização estatística pelos vários serviços públicos, nem sequer estes poderiam dispor de técnicos devidamente preparados para a solução dos problemas que a moderna análise estatística constantemente suscita. Não seria preferível criar serviços centrais de estatística e confiar-lhes todas as operações de elaboração estatística com interesse nacional?

As condições sociais e a orientação política dos Estados foram elementos decisivos na adopção de organizações centralizadas ou descentralizadas dos serviços de estatística, sendo de notar que as formas políticas autoritárias tendem claramente para a centralização.

Na Rússia os serviços de estatística foram centralizados por Lenine, em 1918, numa direcção-geral, funcionando ao nível de comissariado do povo, sob a orientação directa de um membro do Governo. A partir de 1932 os serviços centrais de estatística soviéticos foram subordinados à direcção do Plano, responsável pela organização dos planos quinquenais; mas, a partir de 1948, a *Direcção Central de Estatística* tornou-se novamente autónoma. Na Alemanha, a circunstância de o *Statistiches Reichsamt* e o *Institut für Konjunkturforschung,* fundado em 1925, terem sido durante largos anos dirigidos pelo mesmo investigador, Ernst Wagemann, parece ter contribuído para uma orientação centralizadora que há muito se esboçava. Em 1930 já os serviços centrais de estatística da Alemanha ocupavam permanentemente 2500 funcionários. Na Itália foi criado, em 1926, o Instituto Central de Estatística, ao qual ficaram confiadas as funções de compilar e publicar todas as estatísticas que interessassem à administração do Estado e se referissem às actividades da nação. A Áustria, a Hungria, o Brasil, a Bélgica, Portugal, a Suécia, a Espanha, muitos outros países, acabaram por adoptar organizações estatísticas centralizadas. De tal modo que se apontam apenas três países fiéis à dispersão dos trabalhos estatísticos: a Grã-Bretanha, os Estados Unidos e a Finlândia. Outro país, a França, preferiu, pela organização, em 1941, do Serviço Nacional de Estatística, uma solução intermédia.

Com efeito, a esse Serviço competia, como passou a competir ao Instituto Nacional de Estatística e de Estudos Económicos, que o substituiu em 1946, e foi remodelado em 1963, realizar uma coordenação dos estudos estatísticos realizados pelos vários serviço públicos e até por organizações privadas. Admite-se, pois, assim, como princípio, que os vários departamentos especializados elaborem as suas estatísticas, ficando, porém, sujeitos à acção coordenadora do Instituto.

A própria Grã-Bretanha parece orientar-se também no sentido de um sistema de equilíbrio entre as duas teses, pelo menos desde a constituição, durante a última guerra, do *Central Statistical Office,* o qual tem a seu cargo as estimativas do rendimento nacional e publica regularmente vários boletins estatísticos de carácter geral. No entanto, outros serviços públicos mantêm a organização das respectivas estatísticas. Nos Estados Unidos a dispersão estatística é mais acentuada que na Grã-Bretanha. Os vários serviços públicos especializados elaboram as estatísticas que oferecem interesse para as respectivas actividades, ganhando particular relevo, pelo nível dos trabalhos realizados nesse campo, o *Bureau of Labor,* o *Department of Agriculture,* o *Department of Commerce,* o *National Office of Vital Statistics,* o *National Bureau of Economic Research* e o *Council of Economic Advisers,* funcionando junto do Presidente dos Estados Unidos. Tanto na Grã-Bretanha como na América do Norte, porém, têm particular relevo as investigações de vários institutos particulares, funcionando, por vezes, junto de universidades. Entre eles adquiriram renome o *London and Cambridge Economic Service* e o Instituto de Harvard.

Apesar das suas inegáveis vantagens, não se julgue que a centralização estatística se mostra totalmente isenta de inconvenientes. Dado o relevo das estatísticas nos quadros da vida moderna, o exclusivo da organização de estatísticas reconhecido ao Estado muito contribui para o alargamento dos poderes concentrados no sector público, o qual não deixa de ser considerado com apreensão do ponto de vista da defesa das liberdades.

b) *Serviços de estatística em Portugal*

Foi longo e difícil o caminho percorrido entre nós pelos serviços de estatística desde 1841, data da criação no Ministério do Reino de uma Secção de Estatística e Topografia, até à Lei n.º 1911, de 23 de Maio de 1935. Como pontos de passagem nessa evolução, poderemos recordar a Repartição de Estatística da Direcção do Comércio e Indústria, à qual coube realizar as tarefas do primeiro recenseamento geral, de 1864; o Conselho Geral de Estatística do Reino (1866); as Comissões Distritais de Estatística (1885); o Conselho Superior de Estatística (1887); a Direcção-Geral de Estatística e dos Próprios Nacionais (1898); a Direcção-Geral de Estatística e de Fiscalização das Sociedades Anónimas (Decreto de 14 de Janeiro de 1911), que, afinal, no próprio ano da sua criação, acabou por transformar-se na Direcção-Geral de Estatística (Decreto de 11 de Maio de 1911). A estes poderíamos ainda acrescentar os nomes de muitos outros serviços que prepararam estatísticas em sectores restritos da vida portuguesa.

Foi em 1928 que se iniciou um período de abandono dos velhos processos de descentralização, tendo sido confiadas à Direcção-Geral de Estatística as estatísticas aduaneiras e as estatísticas demográficas, até esse ano a cargo dos Serviços Aduaneiros e do Instituto Central de Higiene. Finalmente, em 1935, a citada Lei n.º 1911 extinguiu a Direcção-Geral de Estatística, tendo criado em sua substituição o Instituto Nacional de Estatística, centro de um novo sistema caracterizado pela subordinação a quatro princípios fundamentais:

a) *centralização;*
b) *autonomia;*
c) *autoridade;*
d) *segredo estatístico.*

43

As funções de notação, elaboração, publicação e comparação dos elementos estatísticos referentes aos aspectos da vida portuguesa que interessem à Nação, ao Estado ou à Ciência, foram confiados ao Instituto Nacional de Estatística, não sendo permitido a qualquer entidade oficial publicar elementos de ordem estatística que respeitem à sua actividade sem prévia aprovação daquele Instituto *(centralização)*. Este princípio foi mais tarde reafirmado e desenvolvido através dos preceitos do Decreto-Lei n.º 36545, de 16 de Outubro de 1947. E, mais recentemente, pela Lei n.º 6/89, de 15 de Abril, art. 3.º.

Concedeu a Lei n.º 1911 ao novo organismo completa *autonomia* técnica, embora o subordinasse administrativamente ao Ministério das Finanças[14], entendendo o legislador que «o órgão realizador da estatística deve agir no campo técnico com inteira independência, sem sujeição a ordens ou directrizes de qualquer natureza». (Ver Lei n.º 6/89, de 15 de Abril, art. 4.º).

Caracteriza-se também a reforma de 1935 pelo reconhecimento ao novo Instituto dos poderes necessários para exigir de todos os organismos públicos e de todas as pessoas, singulares e colectivas, em geral, as informações que reputar necessárias, sob as sanções legais *(autoridade)*. Aliás a afirmação desses poderes não constituía matéria inovadora, pois já o Decreto n.º 16943, de 7 de Junho de 1929, definira as responsabilidades correspondentes às transgressões estatísticas. (Ver Lei n.º 6/89, de 15 de Abril, art. 6.º).

E porque o bom êxito dos trabalhos a empreender pelos serviços de estatística depende, em larga medida, da confiança que neles depositem os particulares, consagrou ainda a Lei n.º 1911 o princípio do *segredo estatístico*. Os elementos individuais recolhidos são de natureza estritamente confidencial, salvas algumas excepções, não podendo o Instituto ou os seus agentes revelá-los senão após elaborações estatísticas que os integrem num conjunto

---

[14] Posteriormente, pelo Decreto n.º 37909, de 1 de Agosto de 1950, ficou o Instituto Nacional de Estatística subordinado administrativamente à Presidência do Conselho, assim se mantendo segundo o regime estabelecido pelo Decreto-Lei n.º 46925, de 29 de Março de 1966 (artigo 24.º). A Lei n.º 6/89, de 15 de Abril, reconhecendo ao Instituto Nacional de Estatística personalidade jurídica, autonomia administrativa e financeira e património próprio, atribui a tutela respectiva ao «ministro responsável pela área do planeamento» (art. 14.º).

e lhes façam perder a sua individualidade. (Ver Lei n.º 6/89, de 15 de Abril, art. 5.º).

O tempo decorrido desde a promulgação da Lei n.º 1911 já permite concluir que a reforma então traçada ofereceu as condições fundamentais para o desenvolvimento satisfatório da acção do Instituto Nacional de Estatística. Embora admitindo-se que o Instituto tivesse necessidade de dispor de mais largos meios, a fim de desempenhar-se da sua missão em condições satisfatórias. Assim o entendeu o Decreto-Lei n.º 46925, de 29 de Março de 1966, que reorganizou o sistema estatístico nacional, reconhecendo a actualidade dos princípios definidos por via legislativa em 1935. Deles se não afastou, fundamentalmente, a Lei n.º 6/89, de 15 de Abril.

Já a Lei n.º 2123, de 14 de Dezembro de 1964, sobre a organização e execução do Plano Intercalar de Fomento, consignava expressamente, na sua base IX, a obrigação de o Governo promover «a reorganização do sistema nacional de estatística indispensável ao planeamento para todo o espaço português». E, assim, em 1966, procurou-se, reafirmando os princípios da Lei n.º 1911, codificar e actualizar a legislação sobre estatística, introduzindo nela um novo princípio — o da *coordenação estatística*.

Nos termos do citado Decreto-Lei n.º 46925, incumbe ao Estado assegurar a notação, apuramento, coordenação e publicação dos dados estatísticos que interessam ao País, por intermédio do sistema estatístico nacional (artigo 1.º), do qual são órgãos o Conselho Nacional de Estatística, as comissões consultivas de estatística, o Instituto Nacional de Estatística e os órgãos delegados do Instituto (artigo 2.º).

O Conselho Nacional de Estatística, presidido pelo Presidente do Conselho de Ministros, é o órgão superior de orientação e coordenação do sistema estatístico nacional, cabendo-lhe, entre outras atribuições, definir os respectivos planos para todo o País ou para determinadas parcelas do seu território (artigos 3.º e 4.º). As comissões consultivas de estatística funcionam no plano dos vários ministérios (artigo 7.º). Ao Instituto Nacional de Estatística foi reservado, com completa *autonomia* técnica, o exercício das funções de notação, apuramento, coordenação e publicação dos dados estatísticos (artigo 10.º). Como órgãos delegados do Instituto funcionam os presidentes dos municípios (Portaria n.º

45

22 633, de 17 de Abril de 1967), os notários e conservadores do registo civil e predial (Portaria n.º 23 033, de 25 de Novembro de 1967), as Companhias reunidas de Gás e Electricidade (Portaria n.º 23 288, de 28 de Março de 1968), os administradores dos bairros de Lisboa e Porto (Portaria n.º 23 628, de 26 de Setembro de 1968), o Instituto de Gestão Financeira da Segurança Social (Portaria n.º 780/77, de 23 de Dezembro), o Gabinete de Estudos e Planeamento do Ministério da Qualidade de Vida (Portaria n.º 716/83, de 24 de Junho), ainda outras entidades e serviços [15].

Todos os dados estatísticos de ordem individual recolhidos pelo Instituto são de natureza estritamente confidencial, em conformidade com o princípio do *segredo estatístico* (Decreto-Lei n.º 46 925, artigo 13.º).

O princípio da *centralização* traduz-se em as entidades públicas ou com funções de interesse público não poderem organizar ou publicar estatísticas sem autorização prévia do Instituto (Decreto-Lei n.º 46 925, artigos 16.º e 17.º).

É obrigatória a prestação das informações aos funcionários do Instituto encarregados da respectiva recolha (Decreto-Lei n.º 46 925, artigos 20.º e 21.º), observando-se, assim, o princípio da *autoridade* [15].

c) *Publicações do Instituto Nacional de Estatística*

O Instituto constitui no meio português a melhor fonte de documentação estatística; e, em consequência, as suas publicações são instrumentos indispensáveis para o estudo das actividades portuguesas nos mais diversos sectores.

Entre essas publicações do Instituto Nacional de Estatística cumpre distinguir as periódicas e as ocasionais. São publicações periódicas:

---

[15] Sobre a organização dos serviços de estatística em Portugal, ver ainda Decreto-Lei n.º 427/73, de 25 de Agosto, 262/74, de 20 de Junho, 148/75, de 22 de Março, 476/75, de 5 de Agosto, 747/75, de 31 de Dezembro, Decreto n.º 71-C/79, de 29 de Dezembro e Decreto-Lei n.º 124/80, de 17 de Maio. Em 25 de Junho de 1986, o Conselho de Ministros criou uma Comissão de Reestruturação do Sistema Estatístico Nacional. E a Lei n.º 6/89, de 15 de Abril, ainda por regulamentar, estabeleceu as bases do *Sistema Estatístico Nacional,* que compreende o Conselho Superior de Estatística e o Instituto Nacional de Estatística.

— O *Boletim Mensal,* onde se incluem diversos quadros sobre os mais recentes dados mensais colhidos, acerca dos vários sectores da vida nacional, em alguns casos comparados com os resultados obtidos em anos anteriores pela mesma época. Assim, a consulta do Boletim Mensal permite acompanhar, apenas com o inevitável atraso de poucos meses, a evolução recente das condições económicas;

— a *Folha Mensal do Estado das Culturas e Previsão das Colheitas;*

— os *Índices de Preços no Consumidor;*

— os *Índices de Produção Industrial;*

— as *Contas Nacionais;*

— o *Anuário Estatístico,* que contém não apenas dados referentes ao ano a que respeita (sobre a população, o estado sanitário, as instituições de previdência, as associações de classe, a educação, os tribunais, a produção, as actividades comerciais, os níveis de preços e de salários, os transportes, a moeda, o crédito, as finanças públicas, alguns confrontos internacionais), mas também dados permanentes sobre a situação geográfica, rios, serras, etc., e alguns quadros retrospectivos, que permitem apreciar a evolução de certos fenómenos. O Anuário Estatístico oferece, assim, uma visão sintética dos mais variados aspectos de vida nacional através dos seus reflexos de ordem quantitativa. Frequentemente se necessita, porém, de um conhecimento mais pormenorizado de um ou de outro ramo de actividades. E é essa a razão das outras publicações anuais do Instituto;

— as *Estatísticas Demográficas,* onde se encontram dados mais desenvolvidos sobre os fenómenos que respeitam à população portuguesa, tendo em conta aspectos que o Anuário Estatístico, por ter um objecto mais extenso, não pode considerar;

— as *Estatísticas das Contribuições e Impostos* consideram também por forma mais desenvolvida do que o Anuário estatístico os dados respeitantes às diversas espécies tributárias e respectivos rendimentos, permitindo conhecer o nível da matéria colectável em cada concelho, os escalões de colectas, etc.;

47

—as *Estatísticas Agrícolas* inserem dados relativos aos solos, ao clima, à população empregada na agricultura, à propriedade, à produção, aos movimentos de produtos agrícolas, aos consumos, salários rurais, seguros agrícolas, regime florestal, obras de hidráulica, pecuária e ensino agrícola;

—as *Estatísticas Industriais* abrangem os mais variados ramos de actividades extractivas e transformadoras, considerados dos pontos de vista das condições de exploração e das produções;

—as *Estatísticas do Comércio Externo,* que nos revelam as quantidades e valores das importações e exportações, separadas por países, classes, regimes aduaneiros e destinos;

—as *Estatísticas da Protecção Social, Associações Sindicais e Patronais,* que incluem dados respeitantes aos regimes de previdência social e às associações de classe;

—as *Estatísticas da Educação* respeitam ao movimento nos vários graus de ensino;

—as *Estatísticas da Justiça* fornecem os dados referentes ao movimento de processos, agrupando-os segundo a sua natureza, ao movimento de presos e internados em estabelecimentos de correcção, às actividades dos Institutos de Medicina Legal, etc. [16];

—as *Estatísticas das Finanças Públicas,* que abrangem as actividades da administração financeira do Estado e das entidades públicas menores;

—as *Estatísticas Monetárias e Financeiras* abrangem as matérias respeitantes à moeda, a títulos de crédito e ao mercado cambial;

—as *Estatísticas da Energia* oferecem dados sobre a produção e o consumo de energia (carvão, petróleo, electricidade);

—as *Estatísticas da Saúde;*

—as *Estatísticas do Turismo;*

—as *Estatísticas da Pesca;*

---

[16] A partir de 1983 estas *Estatísticas da Justiça* passaram a ser elaboradas pelo *Gabinete de Estudos e Planeamento do Ministério da Justiça,* na qualidade de órgão delegado do Instituto Nacional de Estatística.

— as *Estatísticas das Sociedades* contêm vários quadros em que se agrupam as sociedades segundo o capital, o tipo, a actividade, a localização, o pessoal empregado e a data da constituição;

— as *Estatísticas dos Transportes e Comunicações;*

— as *Estatísticas da Construção e da Habitação;*

— as *Estatísticas da Cultura, Desporto e Recreio,* respeitantes à produção intelectual, à imprensa, às bibliotecas, aos museus, aos espectáculos, ao desporto e às casas do povo.

O *Recenseamento Geral da População,* decenal, em vários volumes, contém os resultados dos censos demográficos realizados, em princípio, nos anos terminados em 0, em conformidade com as decisões do Congresso Internacional de S. Petersburgo.

Além destas publicações, periódicas, há outras ocasionais, que não obedecem a critérios de regularidade no seu aparecimento [17].

---

[17] Acham-se nessas circunstâncias as publicações do Instituto Nacional de Estatística relativas ao Inquérito às explorações Agrícolas do Continente, ao Inquérito às Receitas e Despesas Familiares ao Recenseamento Agrícola, ao Cinquentenário do I.N.E. (1935-1985), etc.

CAPÍTULO II

Processo estatístico e suas operações

§ 1. O PROCESSO ESTATÍSTICO: NOÇÃO E FASES

O emprego do método estatístico impõe a realização de várias operações, que se sucedem segundo uma certa ordem, desde a observação dos fenómenos que são objecto das investigações até ao oferecimento dos resultados dessa mesma observação aos cultores da ciência respectiva.

Não pode, com efeito, conceber-se o recurso ao método estatístico como fim de si mesmo, nem admitir-se que se preparem estatísticas apenas pelo gosto de alinhar expressões numéricas. Por isso, a tarefa estatística só termina quando o resultado das observações é confiado a uma ciência, para servir de base à formulação de novas construções, à sua verificação ou à sua rejeição. Quando esse resultado é oferecido ao economista, ou ao biólogo, ou ao meteorologista, etc., aí termina a tarefa da estatística.

À sucessão ordenada das várias operações que cumpre realizar, desde a observação, para que os resultados desta sejam apreensíveis pelos cultores da respectivas ciências, cabe a designação de *processo,* de processo estatístico. Esse processo estatístico compreende fundamentalmente quatro fases, de *notação,* de *elaboração,* de *exposição* e de *interpretação.*

Na fase de notação observa-se a produção dos fenómenos e registam-se as condições em que eles se produziram ou estão a produzir-se. Na fase de elaboração aprecia-se o valor dos registos efectuados, classificam-se esses mesmos registos e procura-se reduzi-los a expressões sintéticas, mais facilmente compreensíveis, mais elucidativas para uma visão de conjunto das massas de fenómenos observados. Elaborados os dados estatísticos, torna-se necessário apresentá-los, revelá-los. E assim atingimos a fase de exposição. Mas a exposição dos dados, só por si, raramente permitirá definir o rigoroso significado das observações realizadas para o estudo de uma ciência. É necessário desenvolver um esforço no sentido da interpretação, da atribuição do alcance, dos dados estatísticos revelados, sem o que eles não permitem extrair quaisquer conclusões.

§ 2. A NOTAÇÃO ESTATÍSTICA

1. O objecto da notação

a) *Delimitação do objecto da notação*

A notação realiza-se em relação a um grupo de fenómenos que cumpre observar e que constituem o seu objecto, necessariamente limitado quanto à natureza, quanto ao espaço e quanto ao tempo. Não faria sentido nem seria de utilidade que se empreendessem operações de notação estatística observando e registando indistintamente todos os fenómenos que caíssem sob o domínio dos nossos sentidos. Por isso, o objecto da notação tem de ser rigorosamente definido, quanto à zona espacial, quanto ao lapso de tempo durante o qual se produzem os fenómenos, e quanto às características dos mesmos.

Assim, teremos notações estatísticas cujo objecto é constituído pelos fenómenos de emigração em Portugal no período que decorre entre 1900 e 1980. Noutras, o seu objecto será constituído pelas importações de tecidos no território aduaneiro português durante o ano de 1981, ou pelos nascimentos verificados na cidade de Lisboa no mês de Janeiro de 1988, etc.

É condição essencial de uma notação satisfatória que o respectivo objecto seja definido com o maior rigor, devendo procurar-se sempre afastar a ambiguidade de conceitos atribuídos a certas expressões verbais. Assim, uma notação estatística através da qual se procurasse determinar o número de pessoas de elevado nível moral, habitando no Norte do nosso país nos últimos anos, teria o seu objecto mal delimitado quanto à natureza dos fenómenos a observar (dada a inexistência de um critério seguro de elevada moralidade), quanto ao espaço e quanto ao tempo.

E deverá sublinhar-se que, frequentemente, algumas expressões parecendo rigorosas, tais como a de casa, de compartimento, de desempregado, de crime, etc., levantam dúvidas muito sérias quando servem de base à notação estatística, desde que não sejam previamente definidas. Sempre que possível, deve a definição da natureza dos fenómenos que são objecto de notação estatística ajustar-se aos conceitos jurídicos, pois estes resultam geralmente de um estudo amadurecido das realidades, realizado num nível de abstracção que permite afastar os aspectos acidentais.

b) *Universo estatístico e amostra estatística*

O conjunto de todos os fenómenos situados dentro de certos limites de natureza, espaço e tempo, para efeitos de notação, constitui um *universo estatístico*, também designado por *população*. Assim, as explorações agrícolas do continente português no ano de 1980; os veículos automóveis que se encontravam na cidade de Coimbra às 0 horas do dia 31 de Dezembro de 1987; as exportações de cortiça portuguesa realizadas na última semana; os alunos da Faculdade de Direito de Lisboa no presente ano lectivo — constituem universos estatísticos.

O universo estatístico compreende, pois, *todos* os fenómenos que correspondem às mesmas condições de natureza, espaço e tempo. Se reunirmos apenas alguns desses fenómenos, uma parte do universo, por tal forma que essa parte seja suficientemente representativa de todo o conjunto, teremos uma *amostra estatística*. É sabido que as explorações agrícolas do continente português apresentam extensão e características muito diversas, variando, em grande parte, essas características com as regiões. Se, por exemplo, reunirmos três explorações agrícolas, uma grande, uma média e uma pequena, por cada província, obteremos uma amostra das explorações agrícolas do continente. Do mesmo modo obteremos também uma amostra estatística dos alunos das Universidades portuguesas, reunindo uns quantos de elevadas classificações, outros de baixas classificações, outros de classificações médias, etc.

c) *Unidade estatística*

Cada elemento, cada fenómeno individualizado, de um universo estatístico, ou de uma amostra estatística, é designado por *unidade estatística*. Uma exportação de cortiça portuguesa realizada na última semana, um veículo automóvel que se encontrava na cidade de Coimbra às 0 horas do dia 31 de Dezembro de 1987, uma exploração agrícola do continente no ano de 1980, um aluno da Faculdade de Direito de Lisboa — serão outras tantas unidades estatísticas.

Convém não confundir este conceito com o de *dado estatístico*. Enquanto a unidade corresponde a cada um dos fenómenos incluídos num universo, ou numa amostra, com uma existência anterior a quaisquer operações estatísticas e alheia a elas, o dado estatístico apresenta-se já como um resultado de operações estatísticas. Quando dizemos que a população portuguesa é de 10 128 900 ([1]) habitantes ou que a média dos salários no distrito de Lisboa é de 700$00, estamos enunciando dados estatísticos.

2. Os tipos de notação

a) *Quanto ao objecto*

α — *Inquéritos e recenseamentos*

Nem sempre é possível observar e registar todos os fenómenos que se incluem num universo. Por vezes apenas se observam e registam os fenómenos contidos numa amostra. Em tais hipóteses, a notação toma o nome de *inquérito* ou *sondagem*. Quando estamos em presença de uma notação mais perfeita, através da qual se recolhem todos os elementos de um universo, fala-se de *recenseamento*.

Se, por exemplo, procedermos à contagem de todos os habitantes de um Estado, ou de uma freguesia, ou de todos os receptores de T.S.F. de uma cidade, ou de todas as fábricas existentes

---

([1]) Este dado respeita à população calculada em relação a 1 de Janeiro de 1985. Segundo o último censo (1981) a população do continente e ilhas adjacentes era de 9 833 014.

num concelho, realizamos recenseamentos, embora vulgarmente se reserve a expressão «recenseamento» apenas para operações de estatística demográfica de um certo tipo. Se, por economia ou por brevidade, nos limitarmos a contar o número de receptores de T.S.F. existentes em alguns concelhos de cada província do país, calculando nessa base o número total de receptores no território nacional, estaremos a realizar uma sondagem. Supondo que uma parte do universo é suficientemente representativa da totalidade, registamos apenas algumas unidades, das quais procuramos extrair conclusões válidas para todo o conjunto.

Para conseguirmos uma amostra representativa do universo teremos de resolver delicados problemas de selecção. Assim, quando o Instituto Gallup procede aos seus célebres inquéritos destinados a prever qual o candidato eleito para a presidência dos Estados Unidos e por que percentagem de votos, aquele Instituto escolhe, entre a massa de milhões de eleitores, apenas alguns milhares, aos quais interroga sobre o candidato em que votarão. Mas não são interrogados, indiscriminadamente, ao acaso, uns quantos milhares de eleitores, cujas respostas poderiam reflectir apenas as tendências de uma região, de uma classe ou de um grupo profissional. O Instituto Gallup escolhe alguns eleitores de cada Estado, de cada sector de actividade, de cada esfera social, ponderando a influência dos vários grupos em toda a massa eleitoral.

Muitas das inexactidões que se têm verificado em alguns inquéritos baseados na amostragem estatística pode atribuir-se precisamente à falta de cuidado na selecção das respectivas amostras [2].

β — *Notação de intensidades e notação de atributos*

Também quanto ao objecto, poderá distinguir-se uma *notação de intensidades* e uma *notação de atributos*. Na hipótese de se tratar de uma notação de intensidades, uma vez delimitado o universo estatístico, apenas importa observar e registar indiscriminadamente os fenómenos que no mesmo universo se compreendam. No caso de notação de atributos, porém, a observação

---

[2] Sobre os problemas respeitantes à amostragem estatística consulte-se o livro de FRANK YATES, traduzido para francês em 1951, *Méthodes de Sondage pour Recensements et Enquêtes*.

e registo não serão indiscriminados, pois deverão ter em conta as características especiais de cada fenómeno.

Por exemplo, uma notação que visasse determinar apenas o número de sociedades comerciais que se constituiram em Portugal no decurso de um ano, seria uma notação de intensidades. Uma notação que registasse as várias formas jurídicas das sociedades constituídas (em nome colectivo, por quotas, anónimas, etc.) seria uma notação de atributos.

γ — *Notação directa e notação conjectural*

Ainda quanto ao objecto, a notação pode ser *directa* ou *indirecta*.

No primeiro caso, observam-se e registam-se os próprios fenómenos que se pretende conhecer: migrações, movimentos internacionais de mercadorias, acidentes de viação, etc. No segundo caso, reconhecendo-se a dificuldade, ou a impossibilidade, de apreender directamente determinados fenómenos, observam-se e registam-se outros que com eles estão relacionados mas mais facilmente observáveis.

Procurando, por exemplo, determinar o número de católicos de um país, e admitindo a falibilidade das respostas dadas em recenseamentos estatísticos sobre as religiões professadas, poderá observar-se e registar-se o número de certas manifestações externas de culto. Estaríamos seguindo um processo de *notação indirecta,* também designada por *conjectural*[3].

b) *Quanto ao sujeito*

α — *Notação pública e notação privada*

Do ponto de vista do sujeito, isto é, da entidade que procede à notação, pode distinguir-se uma *notação pública,* realizada pelo Estado, ou por outras entidades públicas, e uma *notação privada,* operada por particulares, ou seja uma empresa comercial ou um

---

[3] Não se julgue que só se utilizam processos de notação indirecta quando o objecto último da investigação é constituído por fenómenos de ordem psicológica. Em 1790, LAVOISIER tentou determinar a superfície das terras de cultura, nas várias províncias francesas, através de um recenseamento das charruas.

órgão de imprensa ou um instituto de investigações económicas, como tantos que se têm constituído, sobretudo nos países anglo--saxónicos.

As notações realizadas por particulares não oferecem geralmente as garantias dos inquéritos e recenseamentos organizados por serviços públicos. Pecam frequentemente por falta de imparcialidade, visando resultados que interessam às entidades que as promovem; e nem os agentes privados que recolhem as unidades estatísticas podem exigir dos indivíduos a que se dirigem as informações de que necessitam nem aqueles que as prestam podem confiar, por vezes, em que seja respeitado o segredo estatístico. No entanto, nalguns países, sobretudo na Inglaterra e nos Estados Unidos, a notação realizada por certos institutos privados tem atingido um nível de imparcialidade e de eficiência altamente satisfatório.

β — *Notação automática e notação deliberada*

Ainda tendo em vista o sujeito, ou o órgão, que procede às operações de notação, esta se classifica em *automática* e *deliberada*. A notação automática é a realizada por entidades, ou por serviços, que não têm especialmente por função procederem à recolha de dados estatísticos. É através do funcionamento do próprio serviço, em si mesmo alheio a intuitos de notação estatística, que os respectivos agentes tomam conhecimento de certos fenómenos e os registam, com fins que não são estatísticos.

Quando numa conservatória do registo civil se lavra um assento de nascimento, o que se pretende é fixar a verificação de um fenómeno individual, cujo registo como fenómeno individual, por motivos de segurança jurídica, a ordem social exige. No entanto, porque o conservador do registo civil, no exercício das suas funções características, regista fenómenos que interessam à elaboração de estatísticas demográficas (nascimentos, casamentos, etc.), a lei impõe-lhe o preenchimento dos respectivos verbetes estatísticos, com destino ao Instituto Nacional de Estatística. O conservador do registo civil realiza, assim, uma notação automática. E o mesmo se diga das operações de notação realizadas pelos tribunais, pelas alfândegas e por muitos outros serviços públicos. Trata-se de operações realizadas por agentes a quem foram confiadas funções cujo desempenho não tem por fim a preparação de estatísticas; mas, quando, através do exercício dessas funções, que não são de notação estatística, eles registam factos que interessam à preparação de estatísticas, a lei impõe--lhes que procedam à respectiva notação.

Pelo contrário, a notação deliberada é confiada a organizações especialmente destinadas à recolha de unidades estatísticas. Assim, a notação que um censo demográfico impõe não pode resultar naturalmente, espontaneamente, automaticamente, da acção desenvolvida por serviços públicos cujas funções sejam diversas. É necessário que o Instituto Nacional de Estatística organize, especialmente para esse fim de elaboração do censo, os respectivos serviços de notação. Trata-se, pois, de uma notação deliberada.

Abstraindo do sujeito, e tendo em vista apenas o fim da notação, também poderá designar-se por notação automática aquela que visa, primordialmente, efeitos alheios à estatística, e por deliberada aquela notação que tem por propósito fixar unidades estatísticas.

c) *Quanto à ocorrência: notação contínua, periódica e ocasional*

Um critério respeitante à continuidade ou intermitência das observações e registos permite classificar as espécies de notação em *contínuas, periódicas* e *ocasionais*.

Umas vezes as operações de notação estatística mantêm-se constantemente, como é o caso das estatísticas dos nascimentos, das importações, da evolução dos preços de determinados artigos, etc. Outras vezes, só com certos intervalos regulares se procede à recolha das unidades estatísticas. É o que acontece, por exemplo, com as estatísticas respeitantes à população inválida e à distribuição dos habitantes do país por classes de actividade. Só de dez em dez anos, quando se realiza o censo demográfico, se recolhem elementos destinados à elaboração de tais estatísticas. Trata-se, pois, de notação periódica.

Outras vezes ainda, organiza-se uma estatística ocasionalmente, sem preocupações de regularidade quanto à sua possível repetição. Como exemplos poderemos referir o inquérito do Instituto Nacional de Estatística sobre as explorações agrícolas do continente e o inquérito do mesmo Instituto sobre os servidores do Estado. Nesses casos a notação é ocasional.

3. Os erros de notação

a) *Cuidados a observar na recolha das unidades estatísticas*

Da forma por que se tenha procedido à recolha das unidades estatísticas depende todo o processo estatístico. E, portanto, depende também a confiança que os dados estatísticos possam merecer às ciências que os utilizem. Daí os cuidados que devem rodear as operações de notação, sem os quais o rigor da análise que tenha por objecto os seus resultados é, pelo menos, inútil.

A notação deve ser limitada, precisa e exacta, baseando-se em conceitos cuidadosamente definidos. Mas é preciso também que os agentes encarregados das operações de notação saibam corresponder aos limites traçados. Mais cuidadosa ainda tem de ser a notação quando não é possível a esses mesmos agentes adquirirem um conhecimento directo dos fenómenos a registar. Nesses casos, recorre-se a um questionário normalmente constante de um boletim destinado a ser preenchido pelos indivíduos que se presume estarem na posse dos elementos que se pretende obter. É o que acontece quando se organiza um censo demográfio. A cada família, a cada grupo vivendo em economia doméstica, é entregue um boletim que contém um questionário. Em tais casos, é necessário ter em conta as reacções psicológicas dos vários indivíduos interrogados, o que não é fácil, sobretudo quando eles pertençam a grupos sociais, profissões e núcleos populacionais muito diversos.

Convém que o questionário seja simples, por forma a que todos compreendam o que se pretende. E, dada a possível tendência de muitos dos interrogados para revelarem os seus méritos literários, que não facilitariam a recolha dos dados, é aconselhável limitar as respostas a números, datas, expressões meramente afirmativas ou negativas. Nalguns países, os cidadãos em geral, e os camponeses muito especialmente, desconfiam sempre dos questionários, por detrás dos quais julgam descobrir a indiscrição das devassas fiscais. Consegue-se, por vezes, desvanecer esses receios pela afirmação mais ou menos solene de que as respostas obtidas não podem reflectir-se danosamente na pessoa do interrogado, o que, aliás, decorre necessariamente do princípio do segredo estatístico. É para desejar que não se esqueçam também as naturais susceptibilidades das pessoas interrogadas, que podem respeitar ao seu aspecto físico, à sua conduta moral ou ao seu património. Em consequência, devem ser suprimidas todas as perguntas que, não sendo fundamentais, possam ferir a dignidade, o pudor ou a vaidade dos indivíduos interrogados. E quando, por fundamentais, se não suprimam, é necessário estabelecer os processos que reduzam as probabilidades de falta de exactidão nas respostas. Assim, para evitar falsas declarações sobre a idade, e sobre o estado civil, será aconselhável que se façam perguntas precisas sobre as datas do nascimento, do casamento, etc. Interrogatórios assim orientados darão uma impressão de rigor que já inibirá muitos indivíduos de falsearem conscientemente as respectivas declarações. Não poderá esquecer-se também a conveniência de advertir que as falsas declarações serão punidas.

b) *Erros objectivos e subjectivos*

Não obstante todas as cautelas, os erros de notação apresentam-se como muito frequentes, por forma até a tornarem algumas vezes completamente estéril todo o esforço desenvolvido na base dos elementos colhidos.

Esses erros de notação podem encontrar a sua causa nos próprios factos observados e registados, ou na incompetência ou falsidade das pessoas a quem as operações foram confiadas. E, conforme a hipótese, assim teremos *erros objectivos* ou *erros subjectivos*. Como exemplos de erros objectivos podem indicar-se os que se verificam nas estatísticas dos nascimentos, da criminalidade, da emigração, na medida em que eles não revelam os nascimentos não participados, nem os crimes ignorados, nem os emigrantes clandestinos. Esses erros não são imputáveis aos agentes de notação, verificam-se seja qual for o grau de diligência por eles revelado. São erros objectivos. Quanto aos erros subjectivos, provêm da ignorância, da desconfiança, da incompetência, da negligência, ou mesmo da má fé, dos indivíduos encarregados de registar os fenómenos. São de impossível enumeração e até de difícil exemplificação.

Tem frequentemente acontecido que as operações de notação sejam confiadas a funcionários sem consciência da importância das respectivas tarefas, especialmente quando se trata de notação automática. Em consequência, não é raro que, por comodidade e ignorância, substituam pelo recurso à imaginação os elementos que deviam resultar de investigações mais ou menos pacientes. À falta de preparação e à negligência dos funcionários deve acrescentar-se a sua má fé, verificada nalguns países sob pressões de ordem política, sobretudo. Sabendo que o seu governo tém interesse em demonstrar, através de dados estatísticos, a excelência de um novo regime adoptado, é de admitir que funcionários menos escrupulosos, ou receosos, falseiem conscientemente a notação, a fim de atingirem o resultado pretendido.

c) *Erros constantes, sistemáticos e acidentais*

Do ponto de vista da regularidade da sua verificação, os erros de notação podem ser *constantes, sistemáticos* ou *acidentais*.

Os erros constantes apresentam sempre, aproximadamente, o mesmo sentido e a mesma intensidade, a mesma posição relativa, em todas as observações e seja qual for o seu número. Os erros sistemáticos revelam-se por modo funcional, na dependência de determinados fenómenos. Acidentais são os erros meramente fortuitos, que não oferecem qualquer regularidade, e cujo estudo, por isso mesmo, se torna particularmente difícil.

Os erros subjectivos, em regra, são acidentais; e o maior número de erros constantes e sistemáticos são também objectivos. No entanto, não pode estabelecer-se uma perfeita correspondência entre as duas classificações.

§ 3. A ELABORAÇÃO ESTATÍSTICA

1. As operações que se incluem na fase de elaboração

Na elaboração incluem-se várias operações que cumpre classificar. Umas são estritamente estatísticas, procurando apenas o conhecimento dos fenómenos observados; já têm sido designadas por *operações técnico-estatísticas.* Outras orientam-se no sentido de obter representações sintéticas dos dados apurados; e, porque geralmente utilizam cálculos matemáticos, tem-lhes sido atribuída a designação de *operações matemáticas.*

Incluem-se na primeira zona as operações de *crítica dos dados,* de *apuramento,* de *agrupamento* e de *formação de séries.*

Na segunda zona situa-se o cálculo de *medidas de posição*, de *valores estatísticos proporcionais*, de *medidas de dispersão*, de *medidas de assimetria* e de *medidas de curtose*.

2. A crítica dos dados

Conhecidas as dificuldades das operações de notação e a frequência dos seus erros, é compreensível que o técnico da elaboração estatística, ao tomar contacto com os elementos obtidos, comece por duvidar da sua exactidão e os sujeite a um exame crítico destinado a apreciar o grau de confiança que podem merecer, pois é de admitir que nem valha a pena, em muitos casos, proceder a complicadas operações de elaboração sobre elementos que não ofereçam garantias suficientes.

O técnico da elaboração tem necessidade de conhecer as condições em que as unidades estatísticas foram recolhidas, a fim de poder ajuizar sobre as causas, natureza e extensão de erros possíveis. Os respectivos registos serão analisados, confrontados, tendo sempre presente, quando em face de dados que representam um fenómeno na sua evolução, o princípio segundo o qual às variações bruscas correspondem causas que devem ser bem determinadas. Se, por exemplo, se verificar que, segundo os registos efectuados, o número de emigrantes é, num ano determinado, muito inferior ao dos anos anteriores, impõe-se averiguar as possíveis causas da quebra de ritmo do fluxo migratório. Uma elevação do rendimento nacional, uma redistribuição do mesmo rendimento, uma medida legislativa, a eclosão de uma guerra, poderão explicar essa quebra e convencer-nos de que não nos achamos em presença de um simples reflexo de erros de notação.

Alguns princípios se impõem a quem, para elaborar estatísticas, tenha de proceder à crítica dos dados obtidos. Em primeiro lugar deve manter-se indiferente perante os resultados da notação. Quem elabora estatísticas não pode razoavelmente ter quaisquer ideias preconcebidas acerca das realidades respectivas; nem, muito menos ainda, ser animado pelo desejo de fazer vingar uma orientação política ou uma concepção económica. É este o significado do *princípio da indiferença*. Consequentemente, exige a *imparcialidade* que nenhum dado se elimine arbitrariamente.

Qualquer eliminação só se justificará desde que corresponda à correcção de algum erro que se tenha cometido na observação e recolha das unidades estatísticas. A tendência, pelo contrário, não deve ser para a supressão de dados mas para a utilização do maior número de dados possível, de harmonia com a *lei dos grandes números,* que domina toda a análise estatística. Corrigidos os erros de notação, sempre que seja possível corrigi-los sem arbitrariedade, à elaboração cumpre apreciar o preciso alcance dos dados, evitando generalizações temerárias e não lhes atribuindo senão o relevo que, pela sua natureza ou pelas condições em que foram obtidos, lhes corresponda. Assim se observará o princípio da *positividade.*

Para além de tais regras, a experiência e o bom senso de quem procede à selecção dos dados permitirão suprir as necessárias limitações dos princípios teóricos que sobre esta matéria se enunciem. A fim de que a elaboração satisfaça aos próprios fins da ciência à qual particularmente interesse o processo estatístico em curso, é também conveniente que esses fins sejam conhecidos pelos agentes encarregados da apreciação crítica dos dados recebidos. Assim, no caso das estatísticas económicas, quem as elabore não deve desconhecer os problemas fundamentais da economia política.

3. O apuramento e o agrupamento

a) *Apuramento e suas formas*

Observados e registados os fenómenos, apreciada devidamente essa observação e esse registo, segue-se a respectiva contagem.

Suponhamos um censo demográfico. Cada indivíduo, cada chefe de família, preencheu um boletim estatístico que, depois de preenchido, foi entregue aos serviços organizadores do censo. Seguidamente, os elementos fornecidos pelos vários chefes de família serão apreciados, criticados e contados, transformando-se através dessa contagem as referências individuais em dados colectivos, aqueles que interessam para a exposição estatística.

A contagem, que se designa por *apuramento,* pode realizar-se utilizando quadros, tabelas, ou utilizando fichas. O apuramento em quadros, em tabelas *(apuramento por apontamento)* só se emprega actualmente quando o número de unidades a apurar é reduzido. Quando os factos observados e registados são complexos e muito numerosos, o processo de apontamento presta-se a erros, de omissão e de duplicação, difíceis de evitar e difíceis de verificar. Daí ter-se tornado corrente o *apuramento por fichas,* em cada uma das quais se registam as circunstâncias que dizem respeito a cada fenómeno individualizado. Mais recentemente, as *fichas* foram substituídas por outros instrumentos de registo de dados — *discos* e *bandas.*

Além de reduzir as probabilidades de erro, o emprego de *fichas* facilitou a utilização de sinais convencionais representativos da intensidade e dos atributos dos fenómenos. Esses instrumentos também tornam possível a utilização de máquinas nas operações de apuramento e agrupamento [4].

b) *Agrupamento: classes e frequências*

Organizam-se, por vezes, estatísticas em condições tais que as operações de apuramento se realizam com independência de qualquer classificação dos fenómenos contados. Nesses casos, interessa apenas determinar o somatório de todas as unidades recolhidas. Mas, em regra, a contagem, o apuramento, fica subordinado a operações de classificação.

É certo que ainda antes de se iniciar a notação, logo que se define o respectivo objecto, se realiza uma classificação, que permite separar o universo estatístico de todas as outras zonas de realidades susceptíveis de caírem sob o domínio dos nossos sentidos. Procurando, por hipótese, organizar uma estatística da criminalidade portuguesa com referência ao ano de 1986, tomamos como unidade estatística todo e qualquer crime praticado em Portugal nesse ano, fazendo abstracção dos crimes praticados noutros países ou praticados em Portugal em épocas diversas. Para isso classificámos as várias realidades a que poderia caber a designação de crimes.

Mas raramente acontece que as estatísticas se limitem à classificação inicial. Pelas operações de notação registam-se geralmente não apenas a produção dos fenómenos compreendidos no

---

[4] Ver *infra, c).*

universo estatístico mas também diversas circunstâncias que precedem, acompanham ou seguem essa produção. E são essas circunstâncias que permitem que se proceda a novas classificações, pela delimitação de tipos. Assim, quando se registam os crimes praticados em Portugal no ano de 1986 não se deixará de registar também a natureza de cada um deles, o lugar em que foram praticados, etc. Ora esses registos vão permitir que se estabeleçam classificações dos crimes praticados em Portugal no ano de 1986 segundo a sua natureza (contra as pessoas, contra a propriedade, etc.), segundo os concelhos e distritos, etc.

A classificação dos fenómenos já recolhidos através das operações de notação designa-se por *agrupamento,* podendo basear-se num só tipo de circunstâncias ou em vários tipos simultaneamente. No primeiro caso dir-se-á que se trata de um *agrupamento por elementos simples;* no segundo de um *agrupamento por elementos combinados.* Se, por exemplo, agruparmos os nascimentos segundo os distritos administrativos, realizaremos um agrupamento por elementos simples; se agruparmos os nascimentos segundo os distritos e a idade das mães, realizaremos um agrupamento por elementos combinados.

Cada uma das divisões resultantes do agrupamento constitui uma *classe estatística.* Assim, as unidades que formam o universo «sociedades constituídas na Metrópole no ano de 1985» acham-se agrupadas em cinco classes: sociedades anónimas; sociedades por quotas; sociedades em nome colectivo; sociedades cooperativas; e outras.

A cada classe estatística corresponde uma certa representação quantitativa; e designa-se essa representação por *frequência estatística.* A frequência estatística será o número de fenómenos agrupados numa classe. Portanto, quando se diz que a frequência da classe «sociedades anónimas» na estatística das sociedades constituídas em Portugal em 1985 é de 115, isso significa que naquele ano se constituíram no território português 115 sociedades daquele tipo.

c) *Processos manuais e mecânicos de apuramento e agrupamento*

O apuramento e o agrupamento estatísticos começaram por ser *manuais.* Contavam-se os registos constantes de um rol ou de boletins; contavam-se fichas e separavam-se uma a uma, manualmente. Mas um tal processo era demorado, não se ajustando às modernas exigências de uma constante informação estatística. O apuramento e o agrupamento passaram a ser *mecânicos,* pelo emprego de máquinas que realizam as operações antes efectuadas manualmente.

O emprego de máquinas em estatística é anterior ao nosso século. Já no censo demográfico realizado nos Estados Unidos em 1890 foram utilizadas as máquinas Hollerith. Com o tempo, generalizou-se o seu uso aos mais diversos países.

Essas máquinas eram essencialmente de três tipos: *perfuradoras, separadoras* (ou classificadoras) e *tabeladoras.*

As fichas passavam primeiramente pelas perfuradoras, onde eram perfuradas segundo a intensidade e os atributos de cada fenómeno, utilizando-se convenções quanto à forma e localização das perfurações.

Assim, segundo essas convenções, uma perfuração no ângulo inferior direito da ficha poderia significar que um determinado indivíduo professa a religião católica; uma perfuração no centro, que esse indivíduo já atingiu a maioridade, etc. A localização das perfurações correspondia geralmente a números, aos quais se atribuia convencionalmente determinado atributo ou determinada intensidade.

Perfuradas as fichas, passavam para as máquinas classificadoras, que as separavam segundo os orifícios apresentados, e, portanto, de harmonia com as respectivas classes estatísticas.

Finalmente, as tabeladoras somavam o número de fichas já separadas.

Nos últimos tempos, numerosas operações estatísticas de apuramento e de agrupamento são realizadas por computadores, que o Instituto Nacional de Estatística está utilizando[5].

---

[5] Exemplificando alguns aspectos das actuais técnicas de *apuramento e agrupamento,* referir-se-á que, relativamente aos *censos,* o programa das respectivas operações, abrangendo o *universo estatístico,* o quantitativo das *variáveis* e a definição destas, delimita o quadro do *apuramento,* no qual se inserem os *dados («out-put»).* Posteriormente, recolhem-se e distribuem-se esses *dados* e procede-se à *codificação* e *registo* dos mesmos em *discos* ou *bandas.* Os próprios *computadores* ponderam os *dados,* em função do perfil programado *(«out-deck»).*

4. A formação de séries; tipos

a) *Noção de série estatística*

Se ordenarmos as frequências das várias classes por que dividimos um universo ou uma amostra, teremos formado uma *série estatística.*

A produção portuguesa de trigo, em 1984, dividida, classificada, por distritos, constituirá uma série:

Milhares de toneladas

Aveiro	0,9
Beja	174,5
Braga	0,3
Bragança	20
Castelo Branco	7
Coimbra	1,6
Évora	101
Faro	4
Guarda	4,1
Leiria	7
Lisboa	18,8
Portalegre	71,2
Porto	0,7
Santarém	34
Setúbal	16,9
Viana do Castelo	0,3
Vila Real	0,5
Viseu	2,2

Cada expressão corresponde a uma frequência; o conjunto constitui uma série.

Se ordenarmos as frequências relativas à natalidade portuguesa nos anos de 1980 a 1984, formaremos também uma série estatística:

1980	158 352
1981	152 102
1982	151 029
1983	144 327
1984	142 805

b) *Séries geográficas, cronológicas, qualitativas e correlativas*

Dos dois exemplos apontados de formação de séries resulta imediatamente que nem todas as séries estatísticas são do mesmo tipo. No primeiro caso a série revelava-nos a manifestação de um mesmo fenómeno (produção de trigo) no mesmo período (ano de 1984), mas em diversos lugares (os distritos do continente metropolitano). No segundo exemplo a série correspondia a manifestações de um mesmo fenómeno (natalidade) num mesmo lugar (Portugal) mas em períodos diversos (os anos de 1980 a 1984). Quando as variações das frequências das classes que constituem uma série estatística resultam de uma diversidade de lugares, a série diz-se *geográfica*. Quando essas variações acompanham o decurso de tempo, a série é *cronológica*.

Por vezes, as séries estatísticas formam-se sem que se tenha em atenção nem os diversos lugares em que os fenómenos se produzem nem a sua sucessão cronológica. Deparam-se-nos, assim, outros tipos de séries estatísticas: as *qualitativas* (ou *atributivas*) e as *correlativas*.

Em 1981 os habitantes do Continente e Ilhas Adjacentes repartiam-se pelas seguintes classes, quanto ao estado civil:

Solteiros	4 341 301
Casados	4 843 525
Viúvos	557 552
Divorciados	47 318
Separados judicialmente	43 318

A série assim formada revela-nos variações que não dependem nem do decurso de tempo nem da diversidade de lugares. As bases cronológicas e geográficas são constantes, correspondendo as variações verificadas a uma simples distribuição de qualidades ou atributos. Daí designar-se a série por *meramente qualitativa*.

Quanto às séries *correlativas*, através delas estabelecem-se relações entre duas variáveis. Será uma série correlativa, por exemplo, a que distribui os nascimentos verificados em Portugal no anos de 1985 segundo a idade das mães.

Idades das mães	Nascimentos
14	80
15	335
16	1079
17	2328
18	4005
19	5827
20	7536

c) *Séries estáticas, dinâmicas, indeterminadas e mistas; crescentes e decrescentes*

Formada uma série estatística, pode notar-se que as respectivas variações de frequência não são muito pronunciadas, ou que a divergência de sentidos das variações verificadas as neutraliza. Dir-se-á que a série é *estática*.

É o caso dos casamentos celebrados em Portugal nos anos de 1980 a 1983.

1980	72 164
1981	76 283
1982	73 660
1983	74 917

As frequências oscilam entre um mínimo de 72 164 e um máximo de 76 283, sem que se acentue qualquer tendência num ou noutro sentido. A série é estática.

Se, pelo contrário, a série revela tendência bem marcada para a elevação ou para a redução das frequências, diz-se *dinâmica*. É o caso da série representativa do volume dos meios de pagamento de 1982 a 1986:

1982	2190,1
1983	2628,4
1984	3365,6
1985	4160
1986	4904,7

(Em milhões de contos)

Outro exemplo será o do número de nados-vivos no Continente e Ilhas Adjacentes nos anos de 1980 a 1986:

1980	158 352
1981	152 102
1982	151 029
1983	144 327
1984	142 805
1985	130 492
1986	126 748

Por vezes, embora a série estatística nos revele variações de frequência que se não neutralizam, não podemos concluir da grandeza dos seus termos qualquer tendência bem definida. A série é *indeterminada*.

É o que acontece com a série representativa dos alunos que concluíram o curso de Medicina na Universidade de Lisboa nos anos lectivos de 1979-80 a 1983-84.

1979-80	262
1980-81	704
1981-82	284
1982-83	371
1983-84	305

Considerando ainda uma série estatística mais ou menos longa, podemos através dela apreender fases em que as frequências se mantiveram mais ou menos constantes e fases de elevação ou de abaixamento de frequências. Essa será uma série *mista*.

Como tal se nos apresenta, por exemplo, a série representativa da evolução dos preços no consumidor, na cidade de Lisboa, entre 1948-1949 e a actualidade. Essa série revela-se *estática* até 1961, com moderada elevação de frequências até 1965 e com acentuadas elevações de frequências a partir de então.

As séries dinâmicas ainda poderão classificar-se em *crescentes* (Ex.: meios de pagamento de 1982 a 1986) ou *decrescentes* (Ex.: número de nados-vivos na Metrópole de 1980 a 1986).

d) *Interpolação e extrapolação*

Nem sempre o observador tem possibilidade de acompanhar em todos os momentos a manifestação dos fenómenos incluídos num universo estatístico. Mesmo sem nos referirmos agora aos processos de *amostragem,* pelos quais se procura seleccionar algumas unidades representativas de um universo para através delas apreender esse mesmo universo, pode acontecer que o observador pretenda registar todos os fenómenos incluídos dentro de certos limites de tempo, espaço e natureza, mas, mesmo assim, alguns grupos de manifestações que pretendia colher escapem à sua observação. Quando isso acontece, as séries formadas com base numa tal notação apresentam lacunas, não revelam todos os termos situados entre os seus extremos, ou pólos, são descontínuas. Ora poderá haver interesse no conhecimento de um termo não revelado pela série formada. Põe-se o problema da viabilidade da respectiva determinação. Se as variações de frequência entre os termos conhecidos não revelam qualquer regularidade, serão inúteis as tentativas no sentido de integrar uma lacuna da série. Mas se as frequências das classes conhecidas se acharem dispostas progressiva ou degressivamente, por forma a manterem entre elas afastamentos mais ou menos constantes, já se torna admissível, embora não inteiramente segura, a determinação da frequência de um termo omisso, na base de uma hipótese de continuidade.

A *interpolação* é precisamente a operação estatística que consiste em completar uma série entre cujos pólos se situam classes cuja frequência não pôde ser medida. Encontra a interpolação o seu fundamento na possibilidade de combinar os desvios de grandeza entre os termos conhecidos por forma a tornar possível a determinação da frequência de uma classe cuja grandeza se desconhece.

Nas hipóteses de solução mais simples, quando as variações de termo para termo se mantêm quase constantes, a fórmula da interpolação poderá ser:

$$x = v\,n + a,$$

representando x a frequência do termo desconhecido, v a variação média de termo para termo, n o número de termos do pólo inicial da série até ao termo omisso e *a* o primeiro termo conhecido [6].

Enquanto pela interpolação se procura determinar um termo situado entre os dois limites de uma série, pela *extrapolação* pretende-se conhecer um termo cuja posição se acha para aquém ou para além dos pólos, das extremidades, de uma série. Os processos que nos permitem alargar, por *extrapolação,* os limites de uma série são semelhantes, em fundamento e técnica, às operações de *interpolação.* Escusado será dizer que, por via de regra, a *interpolação* e a *extrapolação,* mesmo realizadas sobre uma série de tendências bem determinadas, só nos permitem atingir probabilidades e não dados rigorosos. O emprego de tais operações deve ser rodeado de todas as cautelas. E nem mesmo os cuidados extremos podem muitas vezes imunizar-nos contra os perigos da *interpolação* e, sobretudo, da *extrapolação* [7].

É muito conhecido o exemplo de *extrapolação* realizado pelo economista STANLEY JEVONS na sua obra *The Coal Question,* publicada em 1866. Apoiando-se em dados estatísticos anteriores, previa STANLEY JEVONS que o aumento progressivo do consumo da hulha negra determinasse o seu esgotamento em pouco mais de um século. Os factos negaram tal previsão, em virtude de condições novas que não podiam ser tidas em consideração na época em que STANLEY JEVONS escreveu. Precisamente em razão da imprevisibilidade das condições que podem actuar sobre a evolução futura de um fenómeno, a *extrapolação* deve limitar-se

---

[6] A fórmula utilizada corresponde ao *método das médias;* mas muitos outros se têm adoptado em matéria de interpolação estatística, nomeadamente o *método gráfico,* o dos *mínimos quadrados,* o de NEWTON, o de CAUCHY, o *das áreas (CANTELLI), o dos momentos,* o de FISHER, o de PEARSON. Entre todos, podem considerar-se como clássicos, e de emprego mais geral, o *gráfico* e o dos *mínimos quadrados.*

Pelo *método gráfico,* conhecida a curva de frequência que liga os termos conhecidos da série, procura-se completá-la na parte em que se acha interrompida, pela forma que parece corresponder melhor ao desenvolvimento dessa mesma curva. Quanto ao método dos *mínimos quadrados,* analítico, consiste em determinar o termo que falta na série estatística, de tal modo que a soma dos quadrados das diferenças entre as frequências conhecidas experimentalmente e a frequência interpolada seja mínima.

[7] As operações de *extrapolação* são mais perigosas porque, além de baseadas numa hipótese de continuidade, como as de *interpolação,* só unilateralmente são apoiadas pelos dados da experiência.

a intervalos de tempo que não se afastem muito das observações já realizadas e cujos resultados se contêm na série a extrapolar. Só em relação a períodos curtos se podem estabelecer previsões com base num pressuposto *coeteris paribus*.

e) *Ajustamento de séries*

Um desvio brusco e acentuado entre as frequências de dois termos de uma série deve levar-nos a admitir a possibilidade de estarmos em presença de dados estatísticos originados em erros. Donde a necessidade de verificar se determinadas circunstâncias poderão explicar essa variação brusca de frequência. Se nenhum facto explica essa súbita quebra de ritmo na sucessão de termos de uma série, procurar-se-á *ajustar* o dado estatístico que destoa do conjunto. Esse *ajustamento,* também designado por *perequação,* consiste em substituir um termo de uma série estatística por outro que melhor se harmonize com as tendências do fenómeno observado.

Consideremos a série cronológica representativa das variações da população de um concelho entre 1974 e 1978:

```
1974 .......................................  10 000
1975 .......................................  10 200
1976 .......................................  12 000
1977 .......................................  10 600
1978 .......................................  10 950
```

A frequência correspondente ao ano de 1976 não se integra na linha de continuidade do desenvolvimento demográfico do concelho. No entanto, não será razoável afirmar, desde logo, que estamos em presença de um erro que cumpre corrigir. O estabelecimento temporário nesse concelho de uma colónia penal, ou de uma guarnição militar, por exemplo, poderia explicar um súbito afluxo demográfico com larga projecção sobre os respectivos dados estatísticos. Reconhecida, porém, a inexistência de qualquer facto que pudesse explicar o fenómeno, é de admitir que se conclua pela hipótese de erro. E põe-se o problema de saber como corrigir o termo viciado, ou até substituí-lo por outro que nos ofereça garantias de uma maior probabilidade de ajustamento às realidades.

O processo mais simples consiste em substituir o termo que não nos merece confiança pela média aritmética das frequências anterior e posterior. Seria, no exemplo dado:

$$\frac{10\,200 + 10\,600}{2} = 10\,400$$

Ao ajustamento assim operado cabe a designação de *ajustamento por médias*. Mas há outras formas, mais complexas, de ajustamento: o *analítico,* que se realiza pela solução de um sistema de equações de observação; e o *gráfico,* que nos permite, traçada uma curva de frequência representativa de uma série estatística, conhecidas as tendências dessa curva, eliminar os pequenos desvios acidentais graficamente reproduzidos, como sejam, por exemplo, numa curva dos ciclos económicos médios, os desvios provocados pelos movimentos sazonais [8].

f) *Redução das séries a expressões sintéticas*

Quando os termos de uma série estatística são muito numerosos, estendendo-se por longas colunas, torna-se difícil a rápida apreensão do significado dessa mesma série. Estaria acima das possibilidades o esforço de memória a desenvolver para fixar todas as frequências contidas nalgumas séries estatísticas. Daí a necessidade de reduzir as séries a expressões que as sintetizem, que possam por si sós representar toda uma sucessão de manifestações fenomenológicas. Essas sínteses podem dizer respeito ou à grandeza dos termos, ou a uma ordem proporcional dos respectivos valores, ou ao afastamento e regularidade de distribuição das respectivas frequências. E, assim, teremos *medidas de posição, valores proporcionais, medidas de dispersão, medidas de simetria e medidas de curtose.*
Alguns autores só designam por «medidas de posição» as sínteses que correspondem a valores reais, efectivamente incluídos

---

[8] Os métodos de perequação estatística relacionam-se necessariamente com os de *interpolação;* mas frequentemente se não confundem com aqueles, o que bem se compreende tendo em conta que os casos de inexistência de dados experimentais e de existência de dados menos correctos muitas vezes reclamam tratamento diverso.

numa série, afastando do conceito as médias. Mas parece preferível distinguir, dentro de um conceito mais amplo de medidas de posição, através das quais se procura sempre definir sinteticamente a grandeza dos termos, duas espécies: *medidas de posição ideal* e *medidas de posição real.* Às medidas de posição ideal também se dá, por vezes, a designação de *parâmetros de posição.*

5. As medidas de posição ideal

a) *Médias objectivas e subjectivas*

As médias estatísticas são medidas comuns, expressões ideais, que nivelam todos os termos de uma série. E é curioso notar que os homens da estatística, depois de tanto terem criticado o abuso da abstracção pelos economistas clássicos, sentiram a necessidade de constantemente utilizarem nos seus trabalhos valores médios, como tais abstractos. O «homem médio» de QUÉTELET situa-se no mesmo nível de abstracção do *homo oeconomicus* da escola clássica.

As médias estatísticas dividem-se, quanto ao objecto em que se baseiam, em *objectivas* e *subjectivas.* As objectivas resultam de várias medições de um mesmo objecto; as subjectivas assentam na medição de vários objectos. Suponhamos que se mediu, em diversas ocasiões, a altura de um determinado indivíduo, obtendo-se os seguintes resultados: 1,68 m; 1,66 m; 1,67 m. A média, objectiva, será 1,67 m.

Se, em vez de se ter medido um mesmo indivíduo em diversas ocasiões, se tiverem medido três indivíduos, correspondendo as respectivas medições a 1,62 m; 1,69 m; 1,70 m — a média, agora subjectiva, será de 1,67 m.

Nos exemplos considerados, era diverso o objecto das observações. Num caso, tínhamos uma só unidade várias vezes medida; no outro, mais de uma unidade. Mas o processo de cálculo foi o mesmo em ambos, consistindo na determinação do quociente do somatório dos termos pelo seu número, segundo a fórmula geral

$$\frac{t_1 + t_2 + \dots + tn}{n}$$

ou

$$\frac{\Sigma t}{n}$$

Mas também quanto ao processo de cálculo cumpre estabelecer uma classificação, pois que nem sempre as médias se determinam da mesma forma. E, assim, temos *médias aritméticas simples; médias aritméticas ponderadas; médias geométricas simples; médias geométricas ponderadas;* e ainda, embora de uso menos frequente, *médias harmónicas, anti-harmónicas* e *quadráticas.*

b) *Médias aritméticas simples e ponderadas*

Quanto à média aritmética simples, é calculada segundo a fórmula já acima apontada $\left(\dfrac{\Sigma t}{n} \right)$. Se quisermos determinar, por exemplo, o salário médio mensal dos trabalhadores de algumas indústrias representativas, no ano de 1984, teremos:

Indústrias extractivas	30
Electricidade e gás	54
Construção	24

(Em contos)

$$M = \frac{30 + 54 + 24}{3} = 36$$

A média aritmética simples será 36.

Mas a média aritmética simples nem sempre oferece uma expressão sintética de utilidade, em consequência de não ter em consideração o possível relevo particular de cada termo, tudo nivelando, não atendendo a qualquer factor de ponderação.

Suponhamos que se pretendia determinar o preço médio dos artigos de alimentação vendidos em Lisboa no ano de 1984. Se calculássemos a média aritmética simples dos vários preços, obteríamos um resultado sem qualquer significação, pois não teríamos tido na devida conta os consumos proporcionais dos diversos artigos de alimentação, todos considerados em pé de igualdade.

Imaginemos a distribuição de tipos de salários pelos operários de uma fábrica:

100 trabalhadores recebem salários de 2000$00
20 trabalhadores recebem salários de 2500$00
10 trabalhadores recebem salários de 3000$00

A média aritmética simples da série representativa dos salários seria 2500$00. E, no entanto, a grande maioria dos operários estariam recebendo salários inferiores.

Em casos semelhantes, é preferível calcular, em vez da média aritmética, acentuadamente igualitária, a *média aritmética ponderada,* cuja fórmula é:

ou

$$\frac{t_1\ p_1 + t_2\ p_2 + \ldots + t_n\ p_n}{p_1 + p_2 + \ldots + p_n}$$

$$\frac{\Sigma\, t\, p}{\Sigma\, p}$$

representando por t_1, t_2, etc., as frequências dos termos, e por p_1, p_2, etc., os factores de ponderação introduzidos.

No exemplo dos salários teríamos, portanto:

$$M\,p = \frac{2000 \times 100 + 2500 \times 20 + 3000 \times 10}{100 + 20 + 10} = 2154$$

O salário médio, segundo uma média ponderada, seria de 2154$00.

c) *Médias geométricas simples e ponderadas*

As médias aritméticas acusam as variações de grandeza dos fenómenos, sendo as mais vulgarmente utilizadas quando essas variações não são muito profundas, ou quando os termos de uma série se dispõem segundo uma progressão aritmética. Mas estas médias aritméticas não dão o devido relevo às variações proporcionais. Suponhamos que dois produtos, A e B, são vendidos em certo mercado pelo preço de 100 cada um deles. A média aritmética dos dois preços será também 100. Posteriormente, o preço do produto A subiu para 1000 e o do produto B desceu para 10; a média aritmética dos dois preços passará a ser 505. E, no entanto, as duas variações de preços, inversas, foram proporcionais; o preço de A aumentou 10 vezes e o de B foi reduzido para $\dfrac{1}{10}$.

A *média geométrica,* mantendo o mesmo valor 100, daria a medida exacta dessa proporcionalidade.

Com efeito, sendo a *média geométrica* a raiz do produto dos termos de uma série, cujo índice é igual ao número desses termos $\left(\sqrt[n]{t_1 . t_2 \ldots t_n} \right)$, no primeiro caso teríamos:

$$\sqrt{100 \times 100} = 100;$$

e no segundo caso, depois da alteração de preços verificada:

$$\sqrt{1000 \times 10} = \sqrt{10\,000} = 100$$

Se a série, em vez de ser constituída por dois termos apenas, tivesse três ou mais, diverso seria também o índice da raiz:

$$\sqrt[3]{t_1 . t_2 . t_3} \qquad \sqrt[4]{t_1 . t_2 . t_3 . t_4} \ \text{etc.} \ldots$$

Donde a necessidade de transformarmos, por exigência de cálculo, a fórmula $\sqrt[n]{t_1 . t_2 ... t_n}$ numa fórmula logarítmica:

$$\text{ou} \qquad \log Mg = \frac{\log t_1 + \log t_2 ... + \log t_n}{n},$$

$$\log Mg = \frac{\Sigma \log t}{n}$$

Assim como pela introdução na respectiva fórmula de determinados factores de ponderação se transforma uma média aritmética simples numa média aritmética ponderada, do mesmo modo poderemos calcular médias geométricas ponderadas:

$$Mgp = \sqrt[\Sigma p]{t_1^{p_1} . t_2^{p_2} ... t_n^{p_n}}$$

Ou, empregando logaritmos:

$$\log Mgp = \frac{p_1 . \log t_1 + p_2 . \log t_2 ... + p_n . \log t_n}{\Sigma p}$$

d) *Vantagens e inconvenientes das médias estatísticas*

Na representação sintética de séries estatísticas oferecem as médias a vantagem de não desprezarem nenhum termo, pois todos influem nas respectivas grandezas. Mas, como reverso, as médias reflectem as anomalias dos valores extremos. Uma colheita excepcionalmente boa, ou excepcionalmente má, afasta da grandeza habitual, normal, a média de uma série estatística representativa da produção agrícola, por exemplo.

A indicação de uma média, só por si, nem sequer nos esclarece sobre os limites dentro dos quais uma série estatística se desenvolve. Por isso, procura-se por vezes completar a visão sintética que a média permite através do chamado *sistema dos máximos e dos mínimos,* que consiste em mencionar a mais alta e a mais baixa frequência da série. Também se utiliza uma outra medida de posição ideal designada por *valor equidistante dos extremos,* que é a média aritmética simples das frequências polares.

6. As medidas de posição real

a) *Normal*

Além das médias, sínteses ideais representativas de uma série estatística, outras medidas de posição, com correspondência real, podem sintetizar uma sucessão de termos. Entre estas medidas de posição real contam-se a *normal*, a *mediana*, os *quartis*, os *decis* e os *centis*.

A *normal, dominante* ou *modo*, de uma série é a expressão quantitativa que se repete maior número de vezes através dos termos dessa mesma série; é a grandeza mais frequente. Se numa fábrica 15 operários recebem salários de 1000$00, 30 operários recebem salários de 1500$00, 10 operários recebem salários de 2000$00 e 5 operários recebem salários de 2500$00, o salário normal será o de 1500$00, que corresponde à classe de maior frequência.

b) *Mediana*

Quanto à *mediana*, é o termo que numa série estatística ocupa a posição central, equidistante dos extremos, dividindo a série em duas partes iguais. Suponhamos a produção de um artigo nos últimos cinco anos, expressa em toneladas:

$$1500\,t$$
$$1700\,t$$
$$1800\,t$$
$$2100\,t$$
$$2200\,t$$

A frequência 1800 seria a mediana da série.

Assim, também o aluno *mediano* será aquele cujo número de colegas melhor classificados é igual ao número de colegas pior classificados.

Quando o número de termos da série é par, a mediana deixa de coincidir com um valor real; transforma-se numa média. Assim, se suprimirmos na série considerada o primeiro termo, passando a ter em vista apenas os últimos quatro anos, já não encontraremos um termo equidistante dos pólos:

1700 t
1800 t
2100 t
2200 t

Neste caso, a mediana situar-se-ia entre 1800 e 2100. Para a determinarmos calcularíamos a média aritmética simples dessas duas frequências.

c) *Quartis, decis e centis*

Além da mediana, que divide a série estatística em duas partes iguais, podemos conceber medidas· de posição diversas que correspondam a outras divisões. Dessas medidas de posição as mais utilizadas são os *quartis,* os *decis* e os *centis.*
Consideremos ainda a série constituída pelos seguintes termos:

1500 t
1700 t
1800 t
2100 t
2200 t

Se a dividirmos em quatro partes, poremos em evidência três termos da série, que serão:

1700 — 1.º quartil
1800 — 2.º quartil (a própria mediana)
2100 — 3.º quartil

Se tivéssemos presente uma série mais extensa e a dividíssemos não já em quatro mas em dez ou em cem partes, determinaríamos do mesmo modo os respectivos *decis* e *centis.*
As medidas de posição real oferecem, ao contrário das medidas de posição ideal, a vantagem de não corresponderem a abstracções e de não dependerem das variações de frequência de valores extremos. Em compensação, frequentemente acontece que estas medidas de posição real resultam de outros aspectos igual-

mente acessórios da evolução dos fenómenos, não revelando, por isso, com fidelidade, o sentido e o significado das respectivas séries.

7. Os valores proporcionais

a) *Percentagens e permilagens*

As medidas de posição até agora referidas são de representação absoluta, quer dizer, representativas de uma série estatística em si mesma, abstraindo de quaisquer grandezas que lhe sejam exteriores. Não acontece o mesmo com os *valores proporcionais*, que permitem representar uma série estatística em relação a determinados pontos de referência que lhe são exteriores. É o caso das *percentagens, permilagens, coeficientes e números-índices.*

As *percentagens* e as *permilagens* exprimem a relação entre duas grandezas, tendo-se previamente reduzido uma delas a um valor ideal de 100 ou de 1000. Se dissermos, por exemplo, que, no ano lectivo de 1968-69, 53,3% dos alunos inscritos na Universidade de Lisboa eram do sexo feminino, exprimimos a relação existente entre os alunos do sexo feminino e a totalidade de alunos inscritos, depois de termos previamente reduzido essa totalidade a um termo ideal de comparação, o valor 100.

b) *Coeficientes estatísticos*

Pelos *coeficientes estatísticos* estabelece-se uma relação entre o número de casos verificados de um certo fenómeno e o número de casos que poderiam ter-se verificado. Assim, o coeficiente de mortalidade num ano determinado será o quociente do número de óbitos (m) pelo número de habitantes (h):

$$\text{coeficiente de mortalidade} = \frac{m}{h}$$

c) *Números-índices*

α — *Noção de números-índices*

Quanto aos *números-índices*, eles acompanham a evolução de um fenómeno, mantendo sempre uma relação entre as suas

81

várias frequências e aquela que foi verificada num momento, ou num local, adoptado como ponto de referência.

Imaginemos a evolução no tempo do preço de um artigo. Em 1940, o preço de determinado livro era de 20$00; em 1950 o mesmo livro passou a custar 40$00; em 1960, 50$00; em 1970, 60$00; e em 1980, 800$00. A fim de construirmos um quadro de números-índices representativo desta evolução de preços, começaríamos por adoptar como ano de base 1940; e faríamos corresponder ao preço de 20$00, então verificado, o valor ideal 100, passando a substituir proporcionalmente os preços de 1950, 1960, 1970 e 1980. Assim teríamos:

$$
\begin{array}{l}
1940 - \ \ 20\$00 - \ \ 100 \\
1950 - \ \ 40\$00 - \ \ 200 \\
1960 - \ \ 50\$00 - \ \ 250 \\
1970 - \ \ 60\$00 - \ \ 300 \\
1980 - 800\$00 - 4000
\end{array}
$$

100, 200, 250, 300 e 4000 seriam os números-índices representativos da evolução dos preços do livro considerado no nosso exemplo.

Não são apenas as séries cronológicas que podem representar-se por meio de números-índices. Consideremos uma série geográfica. A constituída pelas altitudes de algumas serras portuguesas, por exemplo:

Estrela	1991 m
Marão	1415 m
Caramulo	1071 m
Monchique	902 m
Ossa	650 m
Buçaco	549 m
Arrábida	500 m

As grandezas absolutas constantes desta série podem tornar difícil um confronto rápido entre a altitude de cada uma das serras e a altitude da serra da Estrela, tomada, por hipótese, como padrão. Daí a conveniência de substituirmos essas grandezas absolutas por valores proporcionais, por números-índices. À grandeza 1991 m (serra da Estrela) atribuiríamos o valor 100;

e depois, fazendo corresponder às várias serras os respectivos valores proporcionais, obteríamos os seguintes resultados:

Estrela	100
Marão	71
Caramulo	54
Monchique	45
Ossa	33
Buçaco	28
Arrábida	25

β — *Bases de números-índices; bases compostas e cíclicas*

Na redução de grandezas absolutas a números-índices o primeiro problema que se nos depara é o da *adopção de uma base*. Esta deve ser suficientemente significativa para servir de termo de comparação a todas as flutuações de um fenómeno. Acompanhando, por exemplo, a evolução dos preços de um produto, adoptaremos para base a frequência correspondente a um ano que representasse o preço normal ou médio desse produto, ou que precedesse imediatamente um largo movimento de alta ou baixa do preço desse artigo, ou de todos os preços no seu conjunto (*v.g.,* o ano de 1938).

Se, noutra hipótese, procurássemos reduzir a números-índices as despesas de armamento dos diversos países da Europa, poderíamos adoptar como base o termo correspondente ao país que realize mais avultadas ou mais diminutas despesas militares. Em qualquer caso, a base deverá sempre situar-se numa classe bem característica da série considerada. Muitas vezes entende-se, porém, que nenhum termo é suficientemente característico. E é, geralmente, nesses casos que se estabelece uma *base composta,* formada pela média aritmética, ou geométrica, de uma sucessão de termos [9]. E porque, frequentemente, os números-índices respeitam a fenómenos económicos que revelam na sua evolução influências cíclicas, a base composta é calculada também muitas vezes como média de frequências dos anos abrangidos pelo ciclo económico. Assim se desenha o conceito de *base cíclica.*

---

[9] É clássica a questão de saber qual o tipo de média a adoptar. Mas as soluções têm de depender do caso concreto, da própria natureza dos fenómenos observados. Uma vezes será preferível utilizar uma média aritmética, outras uma média geométrica — ou, ainda, outro tipo de média.

Se pretendêssemos, por exemplo, representar através de números-índices as variações de nível de preços a partir do início da segunda guerra mundial, poderíamos utilizar como base o ano de 1938. Mas, se entendermos que o ano de 1938 já revela a influência da corrida aos armamentos e se situa num período de expansão que não caracteriza bem as condições económicas que precederam a segunda guerra mundial, será preferível escolher para base a média correspondente aos anos de 1929 a 1937.

Mas a base composta pode não ser uma base cíclica. A altitude das serras portuguesas poderia ser reduzida a números-índices adoptando por base a altitude média de todas elas; ora, nesse caso, a base dos números-índices seria composta mas não cíclica. Do mesmo modo, também não deverá qualificar-se como cíclica a base dos números-índices da emigração portuguesa, calculados pelo Instituto Nacional de Estatística sobre a média dos anos de 1898 a 1902, que não abrangeram um período cíclico.

γ — *Bases fixas e móveis; índices de cadeia*

Quanto à base, ainda devemos distinguir os números-índices de *base fixa* e de *base móvel*. Nos casos em que a base é fixa, ela permanece constante no decurso de toda a evolução considerada. Quando é móvel, adoptam-se bases diversas para a representação de cada termo ou de cada grupo de termos. Passemos a exemplificar.

Tomando por base (100) o ano de 1950, os números-índices representativos da emigração portuguesa entre 1963 e 1971 são os seguintes:

1963	181
1964	254
1965	407
1966	549
1967	423
1968	367
1969	320
1970	303
1971	230

Mas, à medida que nos distanciamos no tempo do ano de base, poderemos considerar vantajoso mudar a base dos números-índices para 1965, por exemplo. A emigração nesse ano, representada por 407 em relação a 1950, passaria a ser representada por 100. E a emigração nos anos seguintes passaria a ser representada na mesma proporção, isto é, com referência à base 100, de 1965.

Esta mudança de base pode ser sistemática. De cinco em cinco, ou de dez em dez anos, adopta-se uma nova base. Nestas hipóteses de mudança sistemática de base, os números-índices são designados *números-índices de base móvel*. Pode até acontecer que a base seja mudada por cada vez que se calcule um índice. Nesse caso, se o índice for anual, a sua base será a do ano anterior; se mensal, a do mês anterior, etc. A expressão utilizada para designar esses índices será então a de *números-índices de cadeia*.

Assim, segundo os índices dos preços no consumidor, na cidade de Lisboa, calculados pelo Instituto Nacional de Estatística, com base em 1976, temos:

1980	228
1981	274
1982	346
1983	421
1984	539
1985	642
1986	717

Se transformássemos estes índices de *base fixa* em índices de *cadeia* teríamos:

1980	100
1981	120 (base 1980)
1982	126 (base 1981)
1983	122 (base 1982)
1984	128 (base 1983)
1985	119 (base 1984)
1986	112 (base 1985)

δ — *Números-índices simples e sintéticos; índices de médias e médias de índices*

Os números-índices tanto podem acompanhar a evolução de um só fenónemo como a evolução de vários fenómenos entre si relacionados. No primeiro caso os números-índices são *simples;* no segundo caso *compostos* ou *sintéticos.*

Assim, se procurarmos representar as variações de preço de um só produto em diversos momentos, os números-índices correspondentes serão *simples.* Se reduzirmos a números-índices os preços de vários produtos na sua evolução, esses números-índices serão *compostos* ou *sintéticos.* No caso dos números-índices compostos levanta-se o problema de saber se os respectivos valores proporcionais deverão constituir um *índice de médias* ou uma *média de índices.*

	Preço do artigo A	Preço do artigo B	Preço do artigo C
1938	7$00	3$00	2$00
1945	12$00	4$00	2$00
1950	14$00	4$50	2$50
1955	16$00	5$00	3$00
1960	20$00	6$00	4$00
1965	24$00	7$00	5$00
1970	25$00	10$00	7$00
1975	50$00	20$00	20$00
1980	250$00	100$00	40$00

Pretendendo calcular índices de médias teríamos:

	Preço médio dos três artigos	Índices
1938	4$00	100
1945	6$00	150
1950	7$00	175
1955	8$00	200
1960	10$00	250
1965	12$00	300
1970	14$00	350
1975	30$00	750
1980	130$00	3250

Pretendendo calcular uma média de índices teríamos:

		Preço do artigo A	Índices simples
1938	....	7$00	100
1945	....	12$00	171
1950	....	14$00	200
1955	....	16$00	228
1960	....	20$00	282
1965	....	24$00	342
1970	....	25$00	357
1975	....	50$00	714
1980	....	250$00	3570

		Preço do artigo B	Índices simples
1938	....	3$00	100
1945	....	4$00	125
1950	....	4$50	150
1955	....	5$00	166
1960	....	6$00	200
1965	....	7$00	233
1970	....	10$00	332
1975	....	20$00	664
1980	....	100$00	3320

		Preço do artigo C	Índices simples
1938	....	2$00	100
1945	....	2$00	100
1950	....	2$50	125
1955	....	3$00	150
1960	....	4$00	200
1965	....	5$00	250
1970	....	7$00	350
1975	....	20$00	1000
1980	....	40$00	2000

E os índices sintéticos passariam a ser:

$$1938 - \frac{100 + 100 + 100}{3} = 100$$

$$1945 - \frac{171 + 125 + 10}{3} = 132$$

$$1950 - \frac{200+150+125}{3} = 158$$

$$1955 - \frac{228+166+150}{3} = 181$$

$$1960 - \frac{282+200+200}{3} = 227$$

$$1965 - \frac{342+233+250}{3} = 275$$

$$1970 - \frac{357+332+350}{3} = 346$$

$$1975 - \frac{714+664+1000}{3} = 792$$

$$1980 - \frac{3570+3320+2000}{3} = 2963$$

Os resultados são, pois, bastante diversos, pelo que se torna conveniente, na apreciação do significado de um quadro de números-índices, conhecermos os processos dos respectivos cálculos. Repare-se que o índice de médias dos preços dos três artigos considerados seria 3250 em relação a 1980, enquanto a média dos índices dos mesmos preços, em relação ao referido ano, seria 2963.

ε — *Números-índices ponderados*

Quando através de um número reduzido de elementos tentamos representar fenómenos de grande complexidade e extensão, é indispensável o maior cuidado na escolha desses elementos representativos. É o que acontece com a evolução do nível de preços. A sua redução a números-índices não pode basear-se nos preços individuais de todos os produtos transaccionados num mercado durante certo período de tempo. E, por isso, a solução geralmente adoptada consiste em seleccionar os produtos de consumo mais corrente, ou cujas variações de preço são julgadas mais significativas. Mas, mesmo entre os produtos de consumo corrente, há alguns cujas variações de preço têm repercussões muito mais largas do que as de outros. O pão, os combustíveis, os tecidos, os artigos de higiene, são todos eles produtos de consumo corrente; no entanto, os reflexos das respectivas variações de preços não são iguais. Cada um desses artigos tem uma certa importânca relativa, um determinado peso.

A necessidade de introduzir em cada termo um factor de ponderação antes de reduzi-lo a um número-índice não foi sentida apenas na repesentação das variações de preços. Também na representação doutros fenómenos pode ser conveniente ponderar os vários termos de uma série antes de reduzi-los a índices. Assim se nos depara a noção de *números-índices ponderados.*

A ponderação dos termos abre o problema de saber qual o critério a utilizar em tal matéria, qual o critério que nos permite afirmar que um determinado termo tem maior importância do que outro para a representação proporcional das variações de todo o conjunto. A um problema desta natureza não pode ser dada solução uniforme, válida para todos os casos, pois o critério a adoptar deverá depender da natureza dos fenómenos considerados e dos aspectos que se pretende pôr em evidência através dos números-índices. Para o caso da representação do nível de preços em especial, vários critérios têm sido preconizados, dos quais cumpre destacar o do norte-americano FALKNER e do inglês PALGRAVE.

FALKNER propôs que se atribuísse a cada artigo um peso, um factor de ponderação, proporcional ao relevo que ele tivesse nos orçamentos das famílias operárias. Tal critério não é isento de inconvenientes. Parece difícil imaginar um orçamento-tipo representativo das despesas de uma família de determinada classe, porque o consumo dos artigos varia indefinidamente de lugar para lugar e de pessoa para pessoa, dependendo sobretudo dos gostos individuais. E, além disso, o critério de ponderação de FALKNER desvia o problema dos preços do plano económico para o plano social, esquecendo que alguns artigos cujas oscilações de preço têm largos reflexos sobre a vida económica de um país não encontram lugar no orçamento de uma família operária. No entanto, à falta de critérios isentos de defeitos, é o critério de FALKNER correntemente utilizado na construção de números-índices representativos das oscilações do custo de vida; é, aliás, apenas neste sector que o seu emprego se justifica.

Pelo critério de ponderação de PALGRAVE, atribui-se a cada produto um factor de ponderação proporcional ao seu consumo. Abatendo ao total da produção e da importação as quantidades exportadas, determina-se qual seja o consumo interno de cada artigo. E quanto maior for o consumo, maior será também o factor de ponderação. Também o critério de PALGRAVE não é isento de defeitos. Os critérios de ponderação devem depender sempre da natureza dos fenómenos representados pelos números--índices.

8. As medidas de dispersão

a) *Dispersão estatística e suas medidas*

Como vimos oportunamente, as medidas de posição determinam-se pela grandeza dos termos (medidas ideais) ou pelo lugar ocupado por certos termos (medidas reais). Mas, num caso como noutro, alheiam-se de qualquer ideia de afastamento dos termos de uma série estatística. Por isso, uma mesma medida de posição pode representar duas séries estatísticas cujo afastamento de termos seja muito diverso. Suponhamos a série constituída pelos seguintes termos: 4, 96, 200. A média aritmética simples será 100. Mas 100 será igualmente a média aritmética simples desta outra série: 98, 100, 102. E, contudo, as duas séries são de configuração muito diversa. Na primeira, os termos acham-se dispersos; na segunda, os termos acham-se agrupados, aproximados na intensidade das grandezas.

As *medidas de dispersão,* também designadas por *parâmetros de dispersão,* procuram precisamente traduzir o maior ou menor afastamento entre os termos de uma série. As medidas de dispersão mais frequentemente utilizadas são o *desvio total,* o *desvio interquartil,* os *desvios em relação à média* e *em relação à normal* e o *desvio-tipo,* ou *desvio «standard».*

b) *Desvio total*

O *desvio total,* ou interpolar, corresponde à diferença de grandezas do termo inicial e do termo final. Oferece a vantagem da simplicidade, mas todos os inconvenientes da dependência dos valores extremos, dos valores polares, da série.

c) *Desvio interquartil*

Quanto ao *desvio interquartil,* igual à diferença de frequências do primeiro e do terceiro quartis, é também de cálculo simples e menos perigoso que o desvio total. Mas, depende, no entanto, de valores que podem não ser bem característicos da série considerada.

d) *Desvios em relação à média e à normal*

Os *desvios em relação à média* e *em relação à normal,* exprimindo a diferença entre a grandeza de cada um dos termos e a média ou a normal da respectiva série, já oferecem condições mais satisfatórias que as outras medidas de dispersão referidas.

e) *Desvio-tipo*

A medida de dispersão que melhor representa uma série estatística do ponto de vista do afastamento dos seus termos, é o *desvio-tipo,* ou *desvio «standard»,* igual à raiz quadrada da média aritmética dos quadrados dos desvios dos termos em relação à média aritmética. Ou seja:

$$\sigma = \sqrt{\frac{\Sigma d^2}{n}},$$

representando por *d* os desvios dos termos em relação à média e por *n* o número de termos. Quanto maior for o desvio-tipo, maiores serão também as diferenças entre as frequências de uma série, mais acentuada será a dispersão dessa série.

9. As medidas de assimetria e de curtose

a) *Curva de Gauss*

A estatística assenta numa ideia de regularidade de grandes números, isto é, na convicção de que mesmo aqueles fenómenos que, quando observados isoladamente, ou em pequenos grupos, parecem não ter sentido, se nos revelam ordenados quando se produzem em grande massas. Mas qual a ordem a que esses fenómenos obedecem?

KARL FRIEDRICH GAUSS, matemático alemão da primeira metade do século passado, formulou uma lei que tomou o seu nome, também designada por *lei normal, de distribuição normal,* ou *de probabilidade de erro*. Segundo essa lei, quando as variações de um fenómeno sofrem a influência de causas múltiplas e independentes, à medida que os casos individuais se repetem as respectivas frequências distribuem-se por tal forma que podem ser representadas graficamente por uma curva campanular simétrica ([10]).

São exemplos clássicos de aplicação da lei de GAUSS a distribuição de resultados de jogos de azar e a dispersão do tiro de artilharia, realizado nas melhores condições técnicas e visando um mesmo alvo. Em tais casos, efectivamente, as probabilidade de cometer erros num sentido são iguais às probabilidades de cometer erros em sentido inverso; e os pequenos erros, os pequenos desvios de um ponto central, são mais numerosos que os grandes desvios. Donde a curva de GAUSS, campanular e simétrica:

A mesma regularidade de distribuição julgaram vários autores ter surpreendido na produção de fenómenos naturais, nomeadamente de ordem biológica. Assim, o inglês FRANCIS GALTON, estudando a repartição das aptidões humanas, distribuiu um milhão de indivíduos por forma que na categoria dos medíocres se incluía a grande massa, na categoria dos talentosos e na categoria dos situados abaixo da mediocridade, mas ainda socialmente utilizáveis, um número menor; às extremidades corres-

---

([10]) A curva de GAUSS constituiu, no decurso do século passado, um motivo de orgulho dos homens da estatística, que julgavam dispor de um instrumento apto para realizar o ajustamento de qualquer série estatística. Mas o tempo destruiu essa ilusão, levando os investigadores a reconhecer que a curva de GAUSS, bem adaptada ao ajustamento de algumas séries biológicas, não pode ser utilizada para ajustar a generalidade das séries económicas, nem muitas outras.

pondiam os indivíduos geniais e os situados abaixo dos limites de utilização social, uns e outros raros.

AMMON e VILFREDO PARETO, comparando as curvas representativas da distribuição de aptidões com as curvas representativas da distribuição dos rendimentos numa sociedade, o que lhes permitiu formular as suas *teorias biológicas das classes sociais,* projectaram o problema no campo da economia política. Efectivamente, as curvas de rendimentos construídas por esses autores são moderadamente assimétricas, aproximando-se da curva de GAUSS, o que suscita a questão de saber se também na vida económica os fenómenos tenderão a distribuir-se segundo uma lei normal. Mais recentemente, nos Estados Unidos, MOORE retomou as teses de AMMON e PARETO, acabando por afirmar que as pretensas injustiças sociais se baseiam em desigualdades naturais. Em qualquer caso, ainda que se admitisse uma distribuição quase simétrica dos salários, e dos rendimentos em geral, essa conclusão não poderia abranger a generalidade dos fenómenos económicos que, na sua grande massa, não correspondem a uma distribuição normal[11]. Mas embora entendendo — e essa é a actual tendência — que a maior parte dos fenómenos não podem ser representados por curvas simétricas, isso não significa que a curva de GAUSS, em que a média, a mediana e a normal coincidem, não deva ser utilizada como padrão de medida das séries estatísticas em geral.

b) *Medidas de assimetria de Bowley e Pearson*

A determinação do grau de assimetria de uma série estatística constitui mais um elemento para a sua caracterização. E determina-se esse grau de assimetria por comparação com uma série estatística simétrica, representada pela curva de GAUSS.

---

[11] O afastamento dos fenómenos económicos de uma distribuição simétrica pode ser explicado pelo facto de em relação a eles se não verificar o pressuposto de «causas independentes», que está na base da lei de GAUSS e de toda a teoria das probabilidades. Em economia política raramente as variáveis são independentes. Foi por não limitarem a teoria das probabilidades ao campo das variáveis independentes que alguns autores chegaram ao absurdo de tentar aplicar o cálculo das probabilidades à previsão das decisões de assembleias, de sentenças judiciais, etc.

A assimetria pode ser reconhecida por vários processos; e daí a existência de diversas medidas de assimetria. Entre elas as propostas por BOWLEY e por PEARSON. Segund BOWLEY, se a série fôr simétrica haverá a mesma distância entre o 1.º quartil e a mediana e entre esta e o 3.º quartil. Assim, representando por q_1 e q_2, respectivamente, as diferenças entre o 1.º quartil e a mediana e o 3.º quartil, o grau de assimetria de uma série poderá calcular-se segundo a seguinte fórmula:

$$\frac{q_2 - q_1}{q_2 + q_1}$$

A medida de simetria proposta por PEARSON, mais rigorosa mas mais complicada, baseia-se na falta de coincidência que se verifica nas curvas assimétricas entre a média, a normal e a mediana; e pode traduzir-se pelas seguintes fórmulas:

$$\frac{\text{Média} - \text{Normal}}{\text{Desvio tipo}} ; \quad \frac{3\,(\text{Média} - \text{Mediana})}{\text{Desvio tipo}}$$

c) *Curvas leptocúrticas, mesocúrticas e platicúrticas*

Duas ou mais séries estatísticas simétricas, ou com o mesmo grau de assimetria, podem, no entanto, ser representadas graficamente por curvas muito diversas. Com efeito, há séries cujas frequências mais elevadas se afastam com nitidez do conjunto dos termos; e há outras cujas frequências mais elevadas só levemente se distinguem do conjunto. Esta diversa distribuição nota-se com facilidade através das respectivas representações gráficas. Assim, no primeiro caso, a curva representativa da série é ponteaguda; e diz-se *leptocúrtica*. No segundo caso, apresenta-se-nos achatada; e chama-se *platicúrtica*. Às séries de configuração intermédia correspondem curvas *mesocúrticas*.

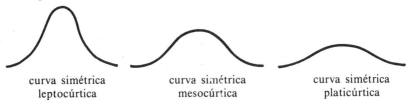

curva simétrica leptocúrtica   curva simétrica mesocúrtica   curva simétrica platicúrtica

Embora as curvas aqui representadas sejam todas simétricas, é claro que o grau de curtose nenhuma relação apresenta com a simetria, ou assimetria, das séries estatísticas. Consequentemente, há também curvas de frequência leptocúrticas, mesocúrticas e platicúrticas que são assimétricas.

O *grau de curtose* de uma série estatística é medido pelas fórmulas:

$$\frac{\Sigma d^4}{n} ; \quad \frac{\dfrac{\Sigma d^4}{n}}{\text{Desvio tipo}} ,$$

representando por *d* o desvio dos termos em relação à média aritmética e por *n* o número de termos.

Empregando a segunda fórmula, obtém-se o resultado de 3 para a curva de distribuição normal, o que nos permite qualificar de leptocúrticas as séries de curtose superior a 3 e de platicúrticas as de curtose inferior.

Poderá definir-se, assim, a curtose como a proporção, numa série estatística, dos desvios, positivos e negativos, em relação à média.

§ 4. A EXPOSIÇÃO ESTATÍSTICA

1. Os processos de exposição

a) *Exposição descritiva*

Segundo a orientação adoptada, a exposição estatística é uma das fases do processo estatístico, consistindo em expor, em transmitir, os dados estatísticos já elaborados.

Formadas as séries, reduzidas estas, sempre que se julgue necessário, a medidas de posição e a valores proporcionais, calculadas as respectivas dispersões, assimetrias e curtoses, é necessário apresentar, comunicar, os resultados obtidos. Em que termos? A resposta corresponderá à definição dos diversos processos de exposição estatística.

Nos séculos XVII e XVIII, e ainda no começo do século XIX, a exposição estatística era, na generalidade, meramente descritiva. Os investigadores não costumavam ter a preocupação de oferecer quadros numéricos exaustivos. As contagens e cálculos realizados serviam-lhes de base consciente a uma descrição literária sobre as condições de vida num país, numa região, numa cidade. Os dados numéricos eram, por vezes, apenas exemplificativos e elucidativos.

Este processo tinha por certo muitos inconvenientes, particularmente o de favorecer a falta de imparcialidade na exposição dos factos, pois prestava-se a selecções arbitrárias de dados e a juízos tendenciosos. Por isso, foi quase abandonado. No entanto, este processo tinha também a virtude de negar rigidez à exposição estatística, de atenuar os erros de operações rudimentares, de tornar os dados estatísticos acessíveis a um grande público. Ainda na actualidade este processo é, por vezes, empregado, em consequência da dificuldade de obtenção ou elaboração de dados rigorosos. É o caso das informações fornecidas por diversos organismos sobre o estado das culturas em determinadas épocas do ano. Aí se contêm referências a condições climáticas regulares ou irregulares, a temperaturas elevadas, a chuvas torrenciais, ao bom ou mau aspecto das culturas, etc., sem que muitas vezes se acompanhem sequer essas considerações de dados numéricos.

b) *Exposição por quadros numéricos*

O processo mais simples e mais objectivo de exposição estatística consiste na organização de quadros numéricos. É também o utilizado mais frequentemente. Querendo, por exemplo, apresentar os dados respeitantes à população dos vários distritos do Continente português no ano de 1985, utilizaríamos o seguinte quadro:

Aveiro	648,8
Beja	184
Braga	747,7
Bragança	186,9
Castelo Branco	230,3
Coimbra	447,7
Évora	178,3
Faro	334,6
Guarda	202,4
Leiria	432,5

Lisboa	2113,4
Portalegre	140,5
Porto	1629,4
Santarém	460
Setúbal	723
Viana do Castelo	263,5
Vila Real	266
Viseu	427,4

(em milhares)

Os anuários e outras publicações dos departamentos de Estatística dos mais diversos países utilizam predominantemente, e por vezes exclusivamente, este processo dos quadros numéricos para exposição de séries estatísticas.

c) *Exposição por gráficos*

α — *Vantagens e perigos do emprego de gráficos*

Mas, não obstante ser o processo dos quadros numéricos o mais importante, e mais generalizado, dos processos de exposição estatística, é a outro processo, o dos *gráficos,* que teremos de fazer mais largas referências, em razão das diversas formas que apresenta, e até dos perigos que oferece.

Os gráficos estatísticos são muito sugestivos, pois permitem apreeender o sentido de uma série através de uma rápida visão[12]. Mas, precisamente porque o observador desprevenido pode ser levado a conclusões erradas através dessa visão muito rápida, os gráficos estatísticos são extremamente perigosos, para quem não saiba analisá-los cautelosamente. O uso, e o abuso, de gráficos contribuiu muito para a convicção, por vezes generalizada, de que por meio da estatística se pode demonstrar tudo quanto se queira. O construtor dos gráficos selecciona as séries a representar e adopta formas de exposição que permitam pôr em relevo os aspectos que lhe convém sublinhar. Daí o interesse dos gráficos estatísticos para fins publicitários.

---

(12) Além de sugestivos, os gráficos estatísticos oferecem também a vantagem de facilitarem muitas vezes a análise matemática dos fenómenos representados.

β — *Polígonos e curvas de frequência aritméticos e logarítmicos*

A forma mais simples de representação gráfica de uma série estatística consiste em traçar o respectivo *polígono de frequência*, com base num sistema de coordenadas cartesianas ortogonais[13]. Assim, para representarmos a série correspondente ao valor da produção de uma empresa de lacticínios, nos últimos anos, por hipótese, teríamos:

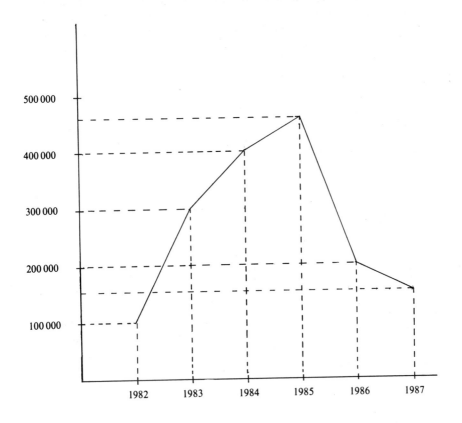

---

(13) A designação provém do nome de RENÉ DESCARTES, que pela primeira vez utilizou o sistema.

Para a construção deste *polígono* começámos por indicar no eixo dos *xx* as classes e no eixo dos *yy* as frequências da série considerada. Traçámos para cada ponto indicado nos eixos as respectivas abcissas e ordenadas; unindo os diversos pontos de intersecção dessas abcissas e ordenadas, obtivemos uma linha, um *polígono de frequência* representativo da série estatística. Multiplicando indefinidamente as classes de uma série estatística, reduzindo os intervalos de classe para classe, acabaríamos por obter uma perfeita continuidade de pontos de intersecção. Em consequência, traçaríamos uma linha curva, em vez de uma linha quebrada; e designaríamos essa linha por *curva de frequência*. Assim, as curvas de frequência, geralmente traçadas por processos de ajustamento, constituem o limite ideal dos respectivos polígonos de frequência.

Os polígonos e as curvas de frequência estatística podem ser de *escala aritmética* ou de *escala logarítmica*. Quando a escala é aritmética, a frequência representada no eixo dos *yy* corresponde à grandeza real da respectiva classe. É o que acontece no exemplo apresentado. Quando a escala é logarítmica, o valor representado no eixo dos *yy* corresponde ao logaritmo da frequência real da respectiva classe.

A escala logarítmica oferece a vantagem de permitir representar em dimensões reduzidas uma série estatística cujas variações de frequência sejam muito acentuadas [14].

Se, em vez de termos representado graficamente as variações de valor da produção da mesma empresa nos últimos anos, tivéssemos querido registar as respectivas variações desde o ano de 1910, por exemplo, já seria vantajoso o emprego da escala logarítmica para limitarmos o gráfico a proporções razoáveis, dadas as variações muito acentuadas do poder de compra da moeda no decurso de tão longo período. Para representarmos fenómenos como, por exemplo, o da desvalorização monetária, na Hungria, após a segunda guerra mundial, onde o aumento médio dos preços chegou a ser de 158 000 vezes por dia, é

---

[14] Os logaritmos traduzem por variações iguais os desvios proporcionais. Um aumento de frequência de 10 para 20 ou de 100 000 para 200 000 será representado na mesma proporção na escala logarítmica. Daí o maior perigo do emprego desta escala: o reduzido relevo que atribui a variações muito acentuadas.

evidente que não poderia deixar de recorrer-se à escala logarítmica ([15]).

γ — *Representações gráficas por superfícies*

A par da representação gráfica linear, a que nos referimos, podem utilizar-se outros diagramas, correspondendo a superfícies. Quadrados, rectângulos, triângulos, círculos, sectores circulares, cujas áreas sejam proporcionais às frequências das diversas classes, podem ser utilizados para representação de uma série. Entre estes diagramas contam-se os de *barras paralelas,* ou *histogramas,* muito frequentes, em que os vários termos são representados por rectângulos dispostos paralelamente. Assim, as variações do valor da produção da empresa de lacticínios considerada poderiam ser representadas através dos gráficos seguintes.

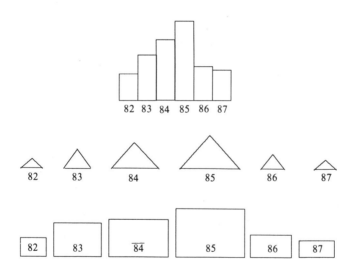

([15]) Houve quem calculasse que para construção, em escala aritmética, de uma curva representativa das variações de valor da moeda alemã depois de 1918, começando por fazer corresponder a distância de um milímetro ao número de marcos equivalendo a um dólar, antes da desvalorização, teríamos de utilizar um gráfico de 1000 quilómetros para representar a quantidade de marcos correspondendo a um dólar em 1923.

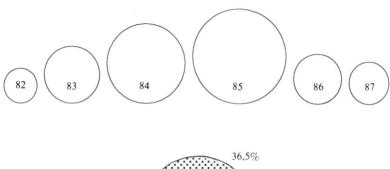

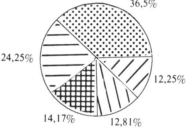

Também os *ideogramas,* ou *gráficos de fantasia,* são construídos na base de uma proporção existente entre as grandezas sucessivas de um fenómeno e as áreas das figuras representativas. Os ideogramas oferecem, porém, a particularidade de não serem constituídos por figuras geométricas mas por desenhos evocativos dos fenómenos representados. Assim, por exemplo, a série constituída pelas tonelagens das diversas frotas mundiais poderá ser representada graficamente por várias silhuetas de navios, cujas áreas sejam proporcionais às respectivas frequências; as produções de um artigo em períodos sucessivos por desenhos das embalagens usuais desse artigo, etc. No caso da empresa de lacticínios, a representação ideográfica poderia consistir no desenho de garrafas de leite, ou de queijos, ou de pacotes de manteiga.

δ — *Diagramas de coordenadas polares*

Embora não sejam de emprego muito corrente, empregam-se, por vezes, gráficos construídos na base de coordenadas não ortogonais mas polares. Trata-se de um processo especialmente adaptável à representação de fenómenos limitados no tempo.

Tomando um ponto como *pólo* ou *centro do gráfico,* traçam-se, com origem nesse ponto, vários raios (coordenadas polares) que correspondem a outras tantas classes estatísticas. Em cada um desses raios marcam-se distâncias, a partir do centro, proporcionais às respectivas frequências. Através de diagramas polares poderiam representar-se a distribuição de nascimentos, casamentos e óbitos pelos meses do ano, as variações de temperatura média em diversos períodos de tempo, etc. As estatísticas portuguesas respeitantes ao comércio externo têm utilizado diagramas polares para representação das variações do valor médio de cada tonelada de mercadorias importadas e exportadas.

Na representação dos valores produzidos pela empresa de lacticínios considerada, a distribuição das frequências respeitantes aos vários anos encontraria expressão no seguinte gráfico de coordenadas polares:

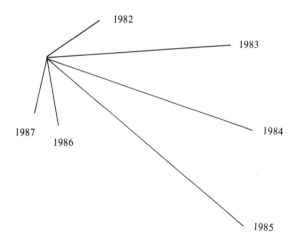

ε — *Cartogramas e estereogramas*

As séries geográficas são frequentemente representadas por meio de *cartogramas,* que consistem em cartas geográficas ou topográficas, onde a distribuição de frequência se exprime por uma coloração diversa de zonas, por tracejados, ponteados, quadriculados, etc., segundo uma correspondência convencional

102

estabelecida ([16]). Por exemplo, os distritos cuja produção trigueira é superior a 100 000 toneladas (Beja e Évora) seriam representados a vermelho; os de produção superior a 50 000 mas inferior a 100 000 toneladas (Portalegre) seriam representados a azul; os de produção superior a 10 000 mas inferior a 50 000 toneladas (Bragança, Santarém, Lisboa e Setúbal) seriam representados a verde; os de produção inferior a 10 000 toneladas (Coimbra, Viseu, Castelo Branco, Porto, Vila Real, Aveiro, Braga, Leiria, Guarda, Faro e Viana de Castelo) seriam representados a amarelo.

Temos a considerar ainda como gráficos estatísticos os *estereogramas,* aliás raramente empregados. Trata-se de representações geométricas a três dimensões, por meio de sólidos. A representação dos termos de uma série estatística por meio de cubos corresponderia a um *estereograma.*

§ 5. A INTERPRETAÇÃO ESTATÍSTICA

1. Os princípios clássicos da interpretação estatística

As operações estatísticas, como se sabe, facilitam a diversas disciplinas científicas o estudo de alguns problemas que se lhes deparam. Mas para que as estatísticas forneçam ensinamentos às disciplinas que servem torna-se indispensável que os cultores dessas disciplinas saibam interpretar os dados estatísticos. E, assim, deparamos com a última fase do processo estatístico, a de *interpretação.*

Para interpretar correctamente dados estatísticos é necessário não só conhecer os fenómenos a que respeitam mas também as operações pelas quais esses dados foram elaborados e expostos. Não será possível uma correcta interpretação de estatísticas económicas por parte de quem não saiba econòmia e não tenha adquirido também algumas noções básicas sobre o método estatístico. Além disso, alguns princípios fundamentais, que os livros clássicos sobre estatística costumam referir, devem manter-se

---

([16]) Pode acontecer também que, num mesmo gráfico, se combinem as características do cartograma e do ideograma, inscrevendo-se sobre as regiões representadas figuras de fantasia alusivas ao fenómeno representado.

presentes no espírito do intérprete [17]. De harmonia com esses princípios, a leitura de estatísticas impõe o afastamento de todo e qualquer preconceito. Aquele que pretende interpretá-las não deve desejar obter quaisquer resultados pré-determinados; apenas aqueles que os próprios dados imponham.

É também aconselhável a maior moderação por parte do intérprete, em ordem a evitar ilações ambiciosas e precipitadas. Nunca se peça às estatísticas o que elas não possam fornecer-nos. Nem delas se procure extrair generalizações apressadas e descabidas. Quando se estabeleçam comparações entre dados estatísticos é da maior conveniência que previamente se verifique se esses dados são comparáveis, isto é, se são homogéneos. Assim, por exemplo, comparando os números representativos dos rendimentos nacionais de dois países, precisamos de saber se as noções de rendimento nacional e os respectivos processos de cálculo coincidem. Caso contrário, os confrontos estatísticos não conduzirão a qualquer resultado satisfatório. Muitas vezes se tem apontado como erro proveniente da falta de homogeneidade dos termos comparados a afirmação, frequente no século passado, de que as despesas públicas francesas eram superiores às despesas públicas britânicas. Essa afirmação esquecia que, pela descentralização administrativa britânica, muitas despesas públicas eram na Inglaterra realizadas por autarquias locais.

Os dados estatísticos devem ser apreciados tendo sempre em vista a *lei dos grandes números*. Trata-se de uma lei matemática segundo a qual a observação de um número elevado de fenómenos de determinada espécie afasta os resultados de conjunto das características acidentais que possam acompanhar as manifestações isoladas de alguns desses fenómenos. Assim, à medida que se observa um maior número de fenómenos, menores são as probabilidades de erro dos resultados obtidos. Não se julgue, no entanto, que 200 observações, por exemplo, reduzem para metade as probabilidades de erro de 100 observações. A probabilidade de erro não decresce proporcionalmente ao número de observações, mas sim na razão das respectivas raízes quadradas [18].

---

[17] Alguns dos princípios aqui enunciados não se afastam das regras a observar nas operações de crítica dos dados. (Ver *supra,* Cap. II, § 3, n.º 2).

[18] A *lei dos grandes números* é frequentemente explicada através do exemplo da urna que contém bolas brancas e negras. As bolas negras são em número de *n* e as bolas brancas em número de *r*. Tiramos uma bola da urna,

Estes são os princípios, já clássicos, a observar em matéria de interpretação de estatísticas. É oportuno, no entanto, fazer algumas referências ainda aos problemas da correlação e regressão de dados estatísticos, e da previsão baseada nesses mesmos dados.

2. A correlação e a regressão

a) *Causalidade e correlação*

A investigação científica tende, fundamentalmente, ao estabelecimento de ligações etiológicas entre os fenómenos. Mas o estabelecimento dessas relações de causa para efeito, exigindo o conhecimento dos fenómenos e de uma teoria que os explique, não pode caber à estatística. A responsabilidade da definição de vínculos de causalidade entre os fenómenos recai sobre as ciências respectivas.

A estatística oferece frequentemente às ciências que serve uma base de estabelecimento de relações causais, fornecendo hipóteses aos investigadores. Essas hipóteses assentam na correlação que porventura se verifique entre duas ou mais séries estatísticas. Mas importa ter sempre bem presente que da mera correlação estatística não pode concluir-se a *necessária* existência de relações de causa para efeito entre os fenómenos.

O problema da correlação consiste em determinar se duas séries estatísticas são independentes ou dependentes e, neste

---

ao acaso, e registamos a sua cor. Introduzimos de novo a bola na urna e, depois de agitar esta, repetimos a operação. Após um número N de experiências, registámos a saída da urna de n_1 bolas negras e r_1 bolas brancas. Mas qual a relação existente entre n_1 e n, entre r_1 e r? É a essa relação precisamente que se aplica o princípio formulado por JACQUES BERNOUILLI, no século XVIII, e que, mais tarde, POISSON designou por *lei dos grandes números*. Quanto maior for o valor de $N (= n_1 + r_1)$ mais aproximados em grandeza serão os quocientes $\frac{n_1}{r_1}$ e $\frac{n}{r}$.

Abandonando os termos de rigor matemático, compreender-se-á bem a projecção da *lei dos grandes números* através da observação de Sir ARTHUR EDDINGTON: «*Human life is proverbially uncertain; few things are more certain than the solvency of a life-insurance company.*»

último caso, qual a medida das suas variações quando às variações de uma delas correspondem variações da outra. Compreende-se facilmente o interesse da correlação estatística. Se o investigador verificar que as variações de frequência de duas séries são independentes, é de admitir que os dois fenómenos por essas séries representados não sejam causa um do outro, nem efeitos de uma mesma causa. Se, pelo contrário, se notar correspondência entre as respectivas variações, poderá pôr-se a hipótese de uma relação causal, que virá a ser apreciada pela ciência de que os fenómenos considerados sejam objecto. Mesmo excluída a possibilidade de relações causais, é de admitir que a correlação estatística revele posições relativas mais ou menos permanentes entre fenómenos, com as quais o investigador tenha de contar. É o caso da evolução correlativa dos meios de subsistência e da população, que está na base das leis de MALTHUS.

b) *Correlação directa e inversa*

Nem sempre a correspondência entre as variações de frequência de duas séries é do mesmo sentido. Pode acontecer que quando crescem as frequências numa cresçam também na outra; mas sucede, por vezes, que quando as frequências de uma série aumentam as da outra diminuem na mesma proporção. Ambos os casos são de *correlação estatística;* mas um de *correlação directa* e o outro de *correlação inversa.*

Consideremos as séries representativas das receitas e das despesas públicas de um Estado no decurso dos últimos vinte anos. Aos aumentos de receitas correspondem aumentos de despesas. A correlação dir-se-á directa. Mas analisemos a evolução dos consumos e dos investimentos num país cujo rendimento nacional se revela estacionário. Observaremos que aos aumentos de consumo corresponderam reduções de investimentos. Haverá correlação, sim; mas inversa.

c) *Correlação retardada*

Em ambos os exemplos apresentados os movimentos proporcionais das séries estatísticas eram simultâneos. Mas isso nem sempre acontece. É até frequente que entre o movimento de uma série e o movimento proporcional da outra decorra um certo lapso de tempo. Admite-se facilmente, por exemplo, que uma empresa cujas despesas de publicidade aumentaram consiga um mais elevado volume de vendas. Mas os movimentos das duas séries estatísticas respectivas não serão simultâneos. O volume de vendas aumentará algum tempo depois da elevação dos gastos de publicidade. Também se se revelar a existência de uma correlação inversa entre a evolução das despesas das instituições de assistência pública e a evolução das taxas de mortalidade, ela não será simultânea.

A correlação, directa no primeiro caso e inversa no segundo, em ambos se verifica ,com atraso. É para este fenómeno que se reserva a designação de *correlação retardada,* empregando-se com frequência a expressão inglesa *lag* para significar o respectivo atraso. Quando esse atraso, ou *lag,* se nos apresenta com regularidade no tempo, a correlação retardada oferece particular interesse para a previsão estatística ([19]).

d) *Índices de correlação*

Conhecido o conceito de correlação, importa considerar o problema de saber quando poderá afirmar-se que há correlação entre duas séries estatísticas. Bastará uma vaga similitude das respectivas sequências? Por certo que não.

A correlação pode ser medida na base de um índice muito simples, geralmente designado por *índice de dependência,* calculando a diferença entre as variações no mesmo sentido (+) e as variações de sentido contrário (—) e dividindo essa diferença pelo número total de variações:

$$i = \frac{c - d}{n}$$

Obtém-se como resultado um índice cujos valores extremos são $+1$ (quando $d = 0$) e -1 (quando $c = 0$).

Este índice tem em conta apenas o sentido das variações e

([19]) Esta correlação retardada constituiu elemento essencial no método de previsão das fases do ciclo económico que o Instituto de Harvard adoptou (Ver SOARES MARTÍNEZ, *Economia Política,* 3.ª ed., Coimbra, 1989, Cap. II, n.º 7, pp. 69-70).

não a intensidade das mesmas. E por isso se procura frequentemente substituí-lo pelo *coeficiente de dependência,* cuja fórmula é:

$$I = \frac{C - D}{C + D}$$

A fórmula parece semelhante à do índice de dependência. Mas nesta nova fórmula C e D já não exprimem apenas o número de variações num ou noutro sentido; resultam do cálculo de um somatório dos produtos das variações de frequência nas duas séries consideradas.

Mais rigoroso, porém, é o cálculo do *coeficiente de correlação.* O coeficiente de correlação de duas séries estatísticas, *a* e *b,* será determinado pela fórmula:

$$r = \frac{\Sigma \, x \, \gamma}{n \, . \, \sigma x \, . \, \sigma y}$$

As expressões x e γ representam os desvios dos termos de cada uma das séries em relação às respectivas médias; *n* representa o número de termos; σx e σy representam os desvios-tipo das duas séries. O coeficiente de correlação, que também varia entre + 1 e — 1, oferece, em relação aos índices anteriormente referidos, a vantagem de ter em consideração a medida em que as variações dos termos podem exprimir uma tendência para a aproximação dos valores médios das respectivas séries. Além disso, o coeficiente de correlação permite uma apreciação das variações no seu conjunto, e não apenas de termo a termo, afastando-se assim de possíveis influências meramente conjunturais.

e) *Regressão*

Só muito raramente se poderá encontrar uma correlação perfeita entre duas séries estatísticas, de tal modo que a toda e qualquer variação numa delas corresponda uma variação rigorosamente proporcional na outra. Mas acontece com frequência que, embora cada variação numa série não encontre um movimento paralelo na outra, se mantenham entre ambas as séries, no seu conjunto, certas relações. O instrumento estatístico utilizado para definir as posições relativas de duas séries, a correspondência entre as grandezas de dois fenómenos, é o das *equações de regressão,* traduzidas graficamente por *linhas de regressão.*

Este termo *regressão* encontra a sua origem no campo da biologia, onde, através do estudo estatístico da hereditariedade, se procurou apreender a tendência para um regresso às características normais da espécie. Assim, por exemplo, os filhos de pais de estatura muito elevada tenderiam a ser menos altos, aproximando-se da estatura normal. Donde a ideia de regressão. O moderno conceito de regressão, em estatística, é, porém, diverso. A palavra regressão exprime apenas a ideia de relação existente entre as grandezas de duas variáveis.

Já não se trata de estabelecer uma relação entre as variações de duas séries; mas sim de definir uma relação mais ou menos permanente entre os fenómenos representados pelas duas séries. Assim, os cálculos de regressão permitirão determinar, por hipótese, que, em certas sociedades, os salários masculinos são duplos dos salários femininos. Essa relação entre as grandezas de duas variáveis define-se pelas equações de regressão, cuja fórmula geral é:

$$\gamma = a + b \ x$$

Nesta fórmula, *a* representa a grandeza da variável γ quando a grandeza da variável x é igual a zero; e *b* representa o aumento da variável γ, correspondente ao aumento de uma unidade da variável x.

Pode também calcular-se um *coeficiente de regressão* na base do coeficiente de correlação. Sendo *r* o coeficiente de correlação e σx e σy os desvios-tipo de duas variáveis, o coeficiente de regressão da variável x em relação à variável γ será:

$$r \cdot \frac{\sigma x}{\sigma y}$$

3. A previsão estatística

As tentativas de previsão estatística assentam, fundamentalmente, na técnica de extrapolação e da correlação retardada. Conhecendo-se o ritmo de uma série estatística no passado determina-se o seu prolongamento no futuro. Ou, sabendo-se que as variações de um fenómeno são, com certo atraso, proporcionais às variações de outro fenómeno, conhecidas estas prevêem-se aquelas.

Mas será possível estabelecer nesses termos previsões acerca de fenómenos sociais? Os fenómenos sociais dependem, em larga medida, da vontade dos homens; e, por isso, não oferecem sequer a relativa imutabilidade dos fenómenos físicos. Os ideais, os gostos, as teorias, que dominam os comportamentos humanos, variam constantemente. E essas mesmas variações negam o rigor de uma previsão baseada na regularidade dos actos passados. Mais ainda. As próprias previsões sobre fenómenos sociais constituem elementos perturbadores, que influem na conduta dos homens e podem orientá-los no sentido das previsões estabelecidas, ou em sentido inverso. Compreende-se facilmente, por exemplo, que uma previsão correcta das consequências da última grande guerra tivesse obstado à sua eclosão. Nem se diga que, em grandes massas, as condutas de uns são neutralizadas pelas condutas de outros, de tal modo que as médias acabam por desenvolver-se em independência da vontade do homem. Isso só poderia acontecer se todos os membros de uma sociedade usassem de igual poder e cada um deles se movesse em completo desconhecimento das atitudes de todos os outros. E o que se verifica precisamente, sobretudo na actualidade, é que a despersonalização dos indivíduos, os meios de difusão de ideias feitas, o desenvolvimento dos processos sociais de coacção psicológica, a generalização de uma cultura básica e comum, progressivamente facilitam a adopção de atitudes semelhantes por parte de grandes massas de indivíduos. Na vida económica, muito especialmente, os indivíduos não actuam como unidades isoladas, movidas pelo acaso ou por planos preparados com ignorância de todo e qualquer condicionalismo. E esta circunstância pode negar qualquer rigor a previsões que, uma vez conhecidas, levarão os indivíduos a assumir atitudes que contrariem a própria evolução prevista. Acresce que as desigualdades de poder, económico e político, sempre verificadas, se acentuaram no nosso tempo, de tal modo que as decisões de algumas entidades, particularmente poderosas, não podem neutralizar-se.

Não deve, no entanto, concluir-se no sentido de rejeitar, pura e simplesmente, toda e qualquer tentativa de previsão no plano dos fenómenos sociais. Segundo um ponto de vista pragmático muito generalizado, a previsão é o fim das ciências. E, ainda que assim se não entenda, o desejo de prever, e sobretudo factos sociais, está suficientemente enraizado no espírito dos homens para que o cientista o ignore sem se apartar da vida e dos seus problemas. De resto, será preferível tentar uma previsão científica, ainda que imperfeita e condicionada, a tolerar o desenvolvimento de previsões puramente empíricas. Daí a necessidade de construir uma *teoria da previsão económica,* não obstante todas as suas inegáveis dificuldades.

Mas deverá ser de base estatística uma teoria da previsão económica? Os processos de previsão estatística não esgotam a previsão económica. Esta pode basear-se nas expectativas dos sujeitos económicos, na interpretação da História, na revelação, na pura dedução lógica de princípios gerais, ou em elemenos quantitativos oferecidos pelo passado. Só nesta última hipótese nos achamos em presença de uma *previsão estatística.*

Havendo vários processos de previsão económica, quando e porquê se deve dar preferência aos processos estatísticos? Não excluirá o recurso à previsão estatística o próprio reconhecimento da existência de comportamentos económicos preponderantes, alheios à fatalidade dos grandes números? Sem dúvida que se pode discutir o âmbito da previsão económico-estatística [20]. Mas, sejam quais forem as conclusões, terá de reservar-se a esse tipo de previsão económica algum papel a desempenhar.

As conjunturas económicas do futuro dependem, em larga medida, de condicionalismos materiais. E, nessa medida, sob a condição «*coeteris paribus*», é de admitir, para períodos curtos, a previsão que a estatística oferece. As decisões humanas de que dependem os fenómenos económicos são enquadradas por limites de ordem material, que frequentemente se subordinam a uma regularidade estatística. E a previsão estatística oferece a inegável vantagem da sua simplicidade. É o tipo de previsão que, em economia, pelo menos, melhores possibilidades oferece de êxitos imediatos. O reverso dessa vantagem consiste nas perigosas ilu-

---

[20] Sobre a questão, consulte-se, SOARES MARTÍNEZ, *Ensaio sobre os Fundamentos da Previsão Económica,* Lisboa, 1956, esp. pp. 17 e s., 31 e s,; e WARREN GILCHRIST, *Statistical Forecasting,* Nova Iorque, 1976, esp. p. 4 e s., 162 e s., 179 e s., 256 e s.

sões a que a previsão estatística, pela sua mesma simplicidade, dá lugar.

Outra vantagem da previsão estatística é a da sua relativa objectividade, frequentemente posta em relevo pelos técnicos da estatística, que já têm acusado de subjectivismo os investigadores económicos causalistas. É imperfeita, sem dúvida, porque não antecipa a visão dos fenómenos pelo estabelecimento de ligações causais com os respectivos antecedentes; mas, ao menos, assenta em sucessões de frequências, em correlações, etc., que não dependem de uma apreciação individual do investigador.

Cometeram-se, no começo do século, muitos erros em matéria de previsão económico-estatística, quando se pretendeu, nomeadamente através do conhecido *método de Harvard,* que os factos observados no passado, só por si, devidamente trabalhados por processos estatísticos, tornariam possível uma rigorosa previsão económica. E ainda nas últimas décadas se tem insistido nos mesmos erros, através dos trabalhos de DEWEY e DAKIN e outros autores. Mas a previsão estatística não pode ser apreciada à luz desses excessos. Caracterizando-se por se basear num pressuposto de imutabilidade de condicionalismos, ou de regularidade das respectivas mutações, compreende-se que ela se revele um instrumento de extraordinário interesse em relação a fenómenos cuja linha evolutiva corresponde a esse pressuposto, que deva ser afastada precisamente quando esse pressuposto se não verifica. Desde que elas não levem a excluir do campo de análise factores não quantitativos, que o economista deve sempre ter em conta, são as operações estatísticas de extrapolação e correlação elementos importantíssimos para o estudo dos problemas teóricos e práticos da previsão económica.

BIBLIOGRAFIA

BAÑOS — ver FERNÁNDEZ.

GOURI K. BHATTACHARYJA e RICHARD A. JOHNSON, *Statistical Concepts and Methods,* Nova Iorque, 1977.

BALLORE — ver MONTESSUS.

JACQUES BERTILLON, *Cours Élémentaire de Statistique Administrative,* Paris, 1895.

MARCELO BOLDRINI, *Statistica,* Milão, 1949.

ARTHUR BOWLEY, *Elements of Statistics,* Londres, 1946.

COWDEN — ver CROXTON.

FREDERICK E. CROXTON e DUDLEY Y. COWDEN, *Estadística General Aplicada,* trad. esp., México, 1948.

OLEGARIO FERNÁNDEZ BAÑOS, *Tratado de Estadística,* Madrid, 1945.

JOSÉ DIAS FERREIRA, *Ensaio sobre os Primeiros Elementos da Theoria da Estadistica,* Coimbra, 1857.

LÉON FESTINGER e DANIEL KATZ, *Les Méthodes de Recherche dans les Sciences Sociales,* trad. franc., 2 vols., Paris, 1959.

R. A. FISHER, *Les Méthodes Statistiques Adaptées à la Recherche Scientifique,* trad. franc., Paris, 1947.

J. LEROY FOLKS, *Ideas of Statistics,* Nova Iorque, 1981.

FORJAZ — ver SAMPAIO.

WARREN GILCHRIST, *Statistical Forecasting,* Nova Iorque, 1976.

CORRADO GINI, *Curso de Estadística,* trad. esp., Barcelona, 1935.

HENRI GUITTON, *Statistique,* 4.ª ed., Paris, 1981.

A. R. ILERSIC, *Statistics,* 13.ª ed., Londres, 1964.

JOHNSON — ver BHATTACHARYJA.

JONNÈS — ver MOREAU.

KATZ — ver FESTINGER.

KENDALL — ver YULE.

GAVIN KENNEDY, *Innitation to Statistics,* Oxford, 1983.

ROY R. KUEBLER e HARRY SMITH JR., *Statistics,* Nova Iorque, 1976.

VINCONDE DA LAPA, *Memoria sobre o modo de formar hum Plano de Statistica de Portugal,* in «Memorias Economicas da Academia Real das Sciencias», V, 1812.

CHRIS LEACH, *Introduction to Statistics,* Nova Iorque, 1979.

ANDRÉ LIESSE, *La Statistique,* Paris, 1912.

A. LIORZOU, *Initiation Pratique à la Statistique,* Paris, 1956.

LUCIEN MARCH, *Les Principes de la Méthode Statistique,* Paris, 1930.

ANDRÉ MARCHAL, *Économie Politique et Técnique Statistique*, Paris, 1948.
ANTÓNIO D'OLIVEIRA MARRECA, *Parecer e Memoria sobre um Projecto de Estatística*, Lisboa, 1854.
ROBIN MARRIS, *Economic Arithmetic*, Londres, 1958.
SOARES MARTÍNEZ, *As Estatísticas Económicas Internacionais*, in «Boletim do Ministério dos Negócios Estrangeiros», Lisboa, 1952, pp. 289-301.
Ensaio sobre os Fundamentos da Previsão Económica, Lisboa, 1956.
Economia Política, 3.ª ed., Coimbra, 1989.
ANNE C. MAYER e DAVID G. MAYER, *Introductory Economic Statistics*, 2.ª ed., Nova Iorque, 1979.
FREDERICK CECIL MILLS, *Métodos Estadísticos*, trad. esp., Madrid, 1940.
R. DE MONTESSUS DE BALLORE, *Probabilités et Statistique*, Paris, 1931.
ALEXANDRE MOREAU DE JONNÈS, *Élements de Statistique*, Paris, 1847.
OSKAR MORGENSTERN, *Précision et Incertitude des Données Économiques*, trad. franc., Paris, 1972.
MICHAEL G. MULHALL, *Dictionary of Statistics*, Londres, 1884.
BERTRAND DE NOGARO, *Leçons d'Introduction au Cours de Statistique Économique*, Paris, 1936.
ANDRÉ PIATIER, *Statistique*, Paris, 1966.
GAETANO PIETRA, *Lezioni di Statistica*, Pádua, 1946.
G. RUMELIN, *De l'Object de la Statistique*, in «Problèmes d'Économie Politique et de Statistique», trad. franc., Paris, 1896, pp. 83-151.
ADRIÃO PEREIRA FORJAZ DE SAMPAIO, *Novos Elementos de Economia Política e Estadística*, III, Coimbra, 1859.
SMITH — ver KUEBLER.
ANDRÉ VESSEREAU, *La Statistique*, Paris, 1950.
FRANK YATES, *Méthodes de Sondage pour Recensements et Enquêtes*, trad. franc., Paris, 1951.
YULE e KENDALL, *An Introduction to the Theory of Statistics*, 2.ª ed., Londres, 1950.
THOMAS H. WONNACOTT e RONALD J. WONNACOTT, *Introductory Statistics*, 3.ª ed., Nova Iorque, 1977.